樂律

U0549894

行為分析學

表情動作的心理分析

浩強 著

面部微表情　口頭禪解讀

「識謊」九原則　潛意識訊息

用心理學解碼人際行為

從細節看透情感與心思！

行為透視，破解人性和欲望的「深層」心理學！

解讀潛臺詞、看懂微表情、洞察謊言行為……

從日常肢體動作，深入了解心理學中的人性和行為邏輯！

目錄

目錄

目錄

目錄

序言：
你可以一眼看穿身邊所有的祕密和欲望

Hans 的漫畫《阿狸．永遠站》中有這樣一句話：「我們的一生會遇到八百二十六萬三千五百六十三人，會打招呼的是三萬九千七百七十八人，會和三千六百一十九人熟悉，會和兩百七十五人親近。」且不去深究這些數據是否真實，但是這段話卻道出了一個讓我們不可辯駁的事實 —— 我們的一生，要與數不清的人相遇，要與數不清的人產生連繫。因為，我們所生活的這個世界，原本就是由形形色色的人混雜而成的一張大網，我們誰也無法脫離它而孤立地存活。

因此，與人打交道成為我們從出生時就必須開始學習的一項本領。然而很多人終其一生，都難以將這項本領自如掌握和運用。這是因為，有些人十分善於偽裝，常常言不由衷、口是心非，常常以虛假的面具示人，卻將真實的自己隱藏起來。他們對你笑的時候，心裡不一定是開心的；他們對你熱情的時候，心裡也不一定熱情。那些對你惡語相向的人不一定是敵人；那些對你關懷備至的人，卻也不一定是朋友。所以，這世間最讓人捉摸不透的，便是人心。它看起來那樣的複雜多變、那樣的神祕莫測，讓很多經歷過欺騙與背叛的人心有餘悸，徒然感嘆一句：「不識廬山真面目，只緣身在此山中。」

然而，俗話說，萬變不離其宗。再複雜、再凌亂的事情，只要你抓住其中的源頭與本質，任何困難都可以迎刃而解。你有沒有想過：為什麼你無法看穿的陰謀，有些人卻可以輕易識破？為什麼被你忽略的那些細節，有些人卻可以敏銳地察覺？為什麼你百思不得其解的言語或表情，有些人卻可以瞬間領悟？為什麼你面臨的人際交往上的種種困惑，有些人卻可以輕鬆地應對和解決？

的確，在很多人眼中，尤其是在那些心理學家、偵探等人的眼中，很多我們在識人方面覺得困難重重的事情卻是輕而易舉的。其實，洞察人心，識人斷物，這是一項技能，而非天賦。而只要是技能，就有章法可循，就可以透過學習和鍛鍊來獲得進步。所以，與其在失敗的人際交往中去羨慕那些可以輕鬆洞察人心的高手，去怨天尤人，不如努力學習一些知識和技巧，為自己也練就一雙慧眼。

萬事萬物，都是因果循環的結果，有因才有果，有果必有因，而一件事情的果，還有可能會成為另一件事情的因，所以，這個世界上其實沒有不能看透的人，也沒有不能解讀的行為，只是因為我們沒有掌握到其中的因果關聯，或者不知道這些因果關聯之間存在著怎樣的緊密關係，所以人、事、物才會看起來雜亂無章、無從下手。

他的微表情代表著什麼？他說話時為何口誤頻出？他為何事而憤怒？如何辨識對方的謊言？高調炫耀的人是出於怎樣的心理？為什麼有的人愛吹牛皮？他的性格為什麼敏感多疑？他的熱情背後隱含著哪些心機？生活中怎樣看穿一個人的真面目？工作中如何與主管處理好關係……一切的言語與行為背後，都隱藏一個人特定而隱祕的心理狀態；一切看似可有可無的細節，都可能成為影響結論的重要線索；一切性格特徵的養成，都與一個人的生活經歷息息相關。如果你學會了以一個分析者的姿態去看待這些問題，便能夠看到很多你原本覺察不到的人性中的東西。

而這一切問題，你都可以在這本書中找到答案。

當你跟隨著書中所講的技巧去以一個洞察者與分析者的眼光重新審視自己和看待別人的時候，你會發現，這個世界開始變得不一樣，很多原本百思不得其解的事情迎刃而解，很多不知從何下手去解決的問題，如今可以輕鬆地應對和解決。這是因為你開始透過雜亂的現象看清楚其中的本質，開始撿拾起那些看似無關緊要的蛛絲馬跡，來拼出一個完整的真相。

慢慢地，你開始能夠輕易地看穿很多人偽善的面目，開始能夠明白親人、朋友的一言一行背後所反映的情緒變化，開始能夠輕鬆領悟你的上司每一個細微表情所代表的含義。然後，你會在不知不覺中發現，你的人際交往能力得到了很大提升，無論是在生活中還是在職場中都變得游刃有餘，因此變得更加有自信，也更加對未來充滿信心。而這一切都是因為，你具備了洞察人心的本領，所以在人際交往中搶占了先機。

識人不僅是一項技能，更是一件十分有趣的事情，當你一點點剝開外面的偽裝，去看清一個人的真面目，並且獲得成就感的時候，你會對這項技能產生越來越濃厚的興趣，然後由原本「不識廬山真面目，只緣身在此山中」的困頓，進入「不畏浮雲遮望眼，只緣身在最高層」的境界。

第一章

人心可測，破解他人內心密碼的洞察術

看透他人就是和人性作戰

「我當初怎麼就沒看出他是這樣一個人呢！」劉女士哭著跟自己的朋友抱怨。

一年前，她在一次活動中認識了比自己小兩歲的男士楊某。楊某對她展開熱烈的追求，兩人很快便成了情侶。熱戀的時候，楊某對她百般體貼，說盡了甜言蜜語，劉女士覺得自己遇到了生命中的白馬王子，所以一心一意地對楊某好。

兩個月前，楊某告訴劉女士他在商業街租了一個商舖，打算開一家玉石店，但是前期投資還差十萬元。劉女士想都沒想，就把自己的十萬元積蓄拿了出來，投資了楊某的玉石店。因為非常信任自己的男朋友，加上工作很忙，所以她一直也沒有到他的店裡實際考察過。

然而，自從劉女士把十萬元匯給楊某後，楊某便漸漸與她斷了聯繫，起初她還以為對方是忙著店裡的生意，所以沒有時間，但是後來發現楊某的電話號碼竟然都成了空號，劉女士這才覺得事情不太對，萬般無奈之下，報了警，才知道自己是被人騙了。

金庸小說中經常會有一些隱世而居的世外高人，他們獨自一人生活在深山或者絕谷中，從來不跟任何人接觸。但是，這樣的事在現實生活中是行不通的，我們每天都不得不跟形形色色的人打交道。

俗話說：「畫虎畫皮難畫骨，知人知面不知心。」圍繞在你身邊的那些人，你知道他們接近你的真實目的嗎？你了解他們在面對你時心裡的真實想法嗎？你分得清哪些人值得相信，哪些人心懷不軌嗎？那些表面上和善的人不一定是朋友，表面上冷酷的人卻也不一定是敵人，在這樣錯綜複雜的人際交往中，你是不是覺得眼花撩亂，不知道該如何去判斷和應對了呢？

如果你想在這種複雜的人際關係中游刃有餘，只有一個辦法，就是學會撥開表象，去讀懂和看透對方的心理。掌握這個技巧，能夠讓你在複雜的世界中游刃有餘，不了解這個技巧，你就很可能踏入複雜人性編製的陷阱當中，身敗名裂。

當年為拜占庭帝國立下赫赫戰功的大將貝利撒留（Flavius Belisarius），因功勞大而性情驕縱。有人勸他收斂，他卻說查士丁尼大帝親口向他許諾永遠信任，並厚待他親人子姪，自己是皇帝近臣，驕縱又何妨？他卻不知道，查士丁尼一方面厚待他，另一方面暗中提防他，最後終於羅織罪名將其革職。一代名將貝利撒留最終以乞討為生，病死街頭。

像這樣鳥盡弓藏、兔死狗烹的故事，在我們中國歷史上更是屢見不鮮，如韓信、周亞夫、高仙芝等，無不是受到猜忌最終落得悲慘下場。究其原因，不在於他們的功勞過大，而在於他們不曉得帝王的心思，不懂得識人。

很多讀者可能會訴苦，說看穿一個人太難了，畢竟我們的視線無法穿透一個人的外貌去洞察他的所思所想，但是這並不代表我們對於讀懂他人就毫無辦法。

一個人的表情可以作假，嘴巴可以說謊，動作可以偽裝，但是卻不可能做到全副武裝，一點破綻也沒有，所以，一定會有一些細節是暴露在外，能夠為你提供幫助的，而讀者只要順著這些細節的脈絡摸索，就可以毫不費力地還原出一個人的真實面目。

小說中的大偵探福爾摩斯就曾說過：「人雖然是複雜矛盾的綜合體，

但也是消息之源，總會有一些因素可以為我們認識一個人的真實面目提供依據。」

你有沒有發現這樣一個現象：很多騙局其實滿是漏洞，但是卻總有一些人會上當受騙，這是為什麼呢？難道是因為這些人智商低嗎？難道他們不諳人情世故？如果是因為這些原因，那很多高智商的菁英人士也會被騙豈不是說不過去了！

有一句話叫做「當局者迷，旁觀者清」。很多時候，干擾我們判斷的人不是對方，而是我們自己。比如上面案例中的劉女士，和楊某相處了一年的時間，卻連楊某對自己是不是付出了真感情都分辨不出來，這是很難讓人理解的。

在情感類的電視節目中，我們常常會看到很多婚姻不幸的女性，在被問及為什麼當初願意嫁給這個男人的時候，她們會說「我以為結了婚他會改變」、「我以為有了孩子他會成熟」……

婚姻的不幸固然可悲，但是別忘了有一句話，叫做「可憐之人必有可恨之處」。以為他會改變，以為他會成熟，這至少證明在結婚之前她對這個男人身上的缺點是心知肚明的。但是因為愛，因為不想失去，或者因為其他原因，她選擇了隱忍，選擇了用寄希望於未來的方式來安慰和說服自己，只是為了不想在當時就面對和承受那個結果。

可是，逃避畢竟不是解決事情的辦法，那個人也很難因你的祈禱和期待而發生改變，要不然怎麼會說江山易改本性難移呢！這樣自欺欺人，能換來幸福的機率小之又小，最終只能事與願違，讓自己付出更多的代價。

所以，很多時候，你相信謊言不是因為真的受到了對方的矇蔽，而是因為你自己選擇了相信謊言。

這種現象並不是某個人身上的特例，在大多數人身上都會或多或少存在這種情況。當我們對一個人有好感的時候，他的優點就會在我們眼中被放大，而他的缺點則會被有選擇地忽視或壓縮；相反，如果我們討厭一個人，那麼就會更多地關注他不好的一面，對於他的好則常常視而不見。

比如，一個朋友向你借了錢，假若你一直對他十分信任，那麼如果他沒有按約定時間還錢，你的第一想法肯定是覺得他有什麼難處，或者他因為事情耽擱了，但是如果你並不信任他，那麼你的心裡肯定會產生懷疑，認為他是故意不還或者乾脆是不想還了。這就是先入為主的主觀意識影響了我們判斷的客觀性。由此可見，在我們對他人做出判斷的時候，主觀認知的影響有多麼強大。

所以，如果你想要看清一個人的本質，首先要學會避免依賴主觀認知，與自己已經形成的慣性思維對抗，只有這樣，才能不被那些可以偽裝出來的表象所迷惑，才能時刻保持一個清醒的頭腦。

你要時刻牢記，如果你想要保護自己，想要在這個複雜的社會中游刃有餘，就必須學會看人的本領。只有這樣，你才能在這些複雜的干擾因素中撥雲見日，真正看清一個人的面目。

人性的弱點是隱藏不住的

伊索寓言中有這樣一個故事：

一條小河邊，有一隻烏龜和一隻蠍子，牠們都想過河到對岸去。蠍子不會游泳，於是牠懇求烏龜說：「烏龜先生，你能不能馱著我到河對岸去？」烏龜笑了笑，說道：「你以為我傻嗎？天下人都知道蠍子最毒，如果我揹你，被你咬了怎麼辦？我可不想冒險！」蠍子連連承諾道：「如果我半路咬了你，那我豈不是也要掉進河裡淹死了。你放心，這個道理我是懂的！」

烏龜覺得牠說得有道理，於是善心大發，將蠍子馱在自己的背上，下了河，向對岸游去。然而牠剛游到河中間，就被蠍子一口咬住了脖子。烏龜臨死前不甘心地問蠍子為什麼要咬自己，蠍子回答說：「我也不知道為什麼，就是突然控制不住自己……」最後，烏龜和蠍子一起沉入了河底，喪了命。

蠍子明明知道自己和烏龜是同一條船上的利益共同體，為什麼還要咬死烏龜，最後害得自己也丟了性命呢？因為本能。

自然界中但凡有生命的，都具有本能，比如求生的本能、趨吉避凶的本能、交配繁殖的本能、對抗天敵的本能等。這些本能是與生俱來的，是身體自發的一種行為。

而我們人類，身為一種具有社會性和感性的高等動物，比自然界的其他生物具有更多的本能和欲望。這些本能和欲望對我們來說是有利有弊的，因為它們一方面可以促使我們勇往直前，不斷發展與進步；另一方面卻也為我們增添了許多難以隱藏的人性弱點。

中國有一句古話：「壁立千仞，無欲則剛。」一個人只有做到無欲無求，才能無懈可擊，但是捫心自問，你能夠做到無欲無求嗎？答案肯定是做不到。就算是聖人，也不可能做到沒有一點需求和欲望，更何況我們還是遠遠趕不上聖人的普通人呢！

就算你行為高尚，能夠做到淡泊名利，但是不要忘了，即使是四大皆空的得道高人，也擺脫不了生理上的需求，他的身體至少還是需要吃

飯，需要睡覺，需要呼吸。需要吃飯，食物就是他的弱點；需要呼吸，空氣就可以成為他的弱點，這樣看來，誰又能真正做到無欲無求呢？

我們總以為自己是身體的主宰，認為我們可以聽憑自己的控制，想說話就說話，想走路就走路，想睡覺就睡覺，但是其實，你能控制的只是你身體行為的很小一部分，你的身體和思想在大多數時候，都依靠身體自發的本能和衝動。

如果你不相信，那麼可以想一下，你的每一次憤怒、妒忌、傷心、害羞、緊張都是出於本意嗎？答案當然是否定的。如果可以控制，你當然不希望自己生氣，不希望自己陷在悲傷的情緒裡無法自拔，也不希望自己因緊張而在眾人面前出醜。可是，你無法控制自己的身體情緒，它們感到難過或者感到激動，並不是出於你大腦發出的指令，而是身體和思維在應對外界狀況時的一種自發反應。它們常常會主宰你的身體，與理智形成對抗，從而讓你做出一些不受意志控制的舉動。

所以，理智其實是在為你的生存和欲望效力的，只有當你的欲望平息的時候，它才能夠清晰完美地發揮作用。

欲望是一個亦正亦邪的東西，如果你合理地利用自己的欲望，它可以成為我們成功路上的推動力；但是，如果我們放任它生長，那麼就會被它矇蔽和利用，最終迷失自己，誤入歧途。

比如，誰都知道做人不應該太過貪婪，可是還是有那麼多人因貪得無厭而做出違背道德和法律的事情，這就是人性的弱點。

人人都想要更好的物質生活，想追求更高的社會地位，這種欲望如果是建立在理性的基礎上的，它就會成為我們的動力，鼓勵我們更加努力地去工作、去為社會創造更多的價值，透過這種方式來獲得金錢和地位。但是，如果欲望過度，它就會變成魔鬼，慫恿你不計後果地去鋌而走險、尋找捷徑。那些貪官汙吏就是沒有控制好貪婪的魔鬼，才會身敗名裂。

自私也是人性中的另一大弱點，誰不是習慣了以自我為中心呢？遇到事情先考慮自己的利益，這原本沒有什麼錯。

但是你不要忘記，在這個社會上生存，我們每個人都處在一個巨大的關係網中，如果你總是為了自己的利益而損害他人的利益，那麼別人也會同樣對待你，最終吃虧的還是你自己。所以，自私也要有一個限度，不要事事只考慮自己，多為他人考慮，才能收穫別人的真心。

再比如虛榮、懦弱、貪圖享樂、消極、傲慢、草率……每個人都想要追求完美，都希望能夠改正自己的弱點，成為一個更好的人。但是，人性中存在各式各樣的弱點，它們中的大多數都是不受我們意志控制的，所以才常常會有人為此感到沮喪，明明知道自己的弱點，卻因無法控制自己而感到無能為力。

人人都有弱點，你要學習的，不是如何將它隱藏，而是如何將它克服與轉化。水面在平靜的時候，就像一面鏡子，可以清晰地照出自己和世界的真實；但是，當它波濤洶湧的時候，就混濁得令人什麼也看不清了。同樣的道理，當我們的欲望和情緒得到很好的控制，我們的理智就可以清晰地思考和控制我們的言行，從而幫助我們克服弱點，完善自己。

所以，只有學會將自己的欲望控制在合理的範圍之內，讓它成為你前進的動力，學會用理智去控制自己的情緒，讓自己時刻保持在一個能夠清晰思考、應對外界各種狀況的狀態之內，才能收穫一個更好的自己，創造一個更加和諧的人際關係。

識人從身邊的人開始

識人說起來簡單，可是真要做到像孫悟空一樣擁有一雙火眼金睛，卻是很難的。我們不能把自己放到煉丹爐裡去「煉」就一雙慧眼，那就只能在觀察和學習中一點點地進步了。

你首先要擁有一顆細緻入微的心，學會觀察。這需要經過長時間的練習，在生活中累積經驗。最開始的時候，你可以先從研究身邊的人入手，去一點一點發覺其中的奧妙。

如果問你接觸最多的人是誰，相信你肯定會回答是你的家人。沒錯，所以你可以先拿自己的家人練練手。在跟家人交流接觸的時候，看看他們什麼時候高興，什麼時候難過，什麼時候爭吵，試著去揣摩和研究家人的言行，並嘗試去了解這些行為背後的含義。

如果你認為這樣是在利用你的親人，那就大錯特錯了；相反，這項研究對你和家人來說意義非凡，因為一旦你能夠熟知他們的性格，就可以更好地了解他們的需求，從而減少摩擦，建立更和諧更幸福的家庭關係。

你的父母應該是你最親近的人了，可是你敢拍著胸脯說你了解他們的一言一行，了解他們內心的所思所想嗎？當你的父母告訴你他們身體很健康的時候，你有沒有仔細觀察過他們走路是不是穩健，聲音是不是洪亮，睡眠是不是充足呢？當你的父母告訴你他們生活得很開心，讓你專心工作，不用常來看望的時候，你有沒有看出他們眼神裡面的不捨與思念呢？

不能光聽父母嘴上說什麼，為了怕子女擔心，父母常常是隱瞞多於傾訴的，可是身為子女的我們，不能因此就忽視了對父母的關心。多留心他們的言行舉止，從中發現他們沒有說出口的需求，這才是為人子女的人應該做的事情。

你的孩子，一定是你在這個世界上最愛的人，可是你敢拍著胸脯說你對自己的孩子有充分的了解嗎？你對孩子的一切能做到瞭如指掌嗎？很多孩子叛逆，並不是真的想變壞，他或許只是想要透過這種方式來得到父母更多的關愛。所以，當孩子出現逃學、吸菸、去網咖、打架等惡習的時候，不要一味地謾罵和體罰，多去了解孩子是不是在生活和學習上遇到了什麼困難，反思自己是不是哪裡做得不夠，這才是解決問題的最好方式。

你的愛人，你每天與他（她）同床共枕，可是你也不敢說你對他（她）有充分的了解吧。他（她）惱怒的時候你知道他（她）為什麼而惱嗎？他（她）情緒的細微變化你能夠迅速察覺嗎？大多數人都做不到，所以夫妻之間才很容易產生衝突。

而「察言觀色」的本領，無疑能夠幫助你更好地處理夫妻關係。情侶也好，夫妻也好，很多時候衝突之所以產生，是因為相互之間不夠了解。一個男人工作辛苦，回到家裡妻子卻對他大吵大鬧亂發脾氣的時候，他會覺得妻子無理取鬧，不體諒自己。但是，如果你細心地去分析這背後的原因或許就會發現，有時候這種爭吵是一種索要關心、索要愛的方式，如果你能夠體察到她這一層的需求，給她一個擁抱，或許就可以避免一次無端的爭吵。

你要牢記一個準則，家人之間，爭吵不一定代表著感情不好，而低眉順目也不一定代表著感情深厚，多去觀察，多去理解，多去重視對方心裡的需求，在相處中學習，在相處中進步，家庭才會變得越來越美滿幸福。

在工作中，善於觀察更是一個出色的員工應該具備的人際交往技能。如果你不懂得觀察，就算你再有能力，業績再好，也難以在激烈的競爭中擁有自己的一席之地。

白若琳是新入職場的一個小白領，為了珍惜這份寶貴的工作機會，她每天早出晚歸，非常努力地工作，把主管交代的任務都完成得很出色。但是，一件不經意的小事，卻讓她的職場之路多了一些坎坷。

一次與客戶開討論會的時候，為了讓客戶放心，在談判中她的上司故意規避了一項風險問題，白若琳以為是上司忘記了，所以就在中途插嘴提醒了一句，上司面露難堪之色，在客戶的追問下，不得不重新做出承諾。

在這次會議之後，白若琳就被調到行政部門去負責一些採購的瑣事了。她覺得很委屈，自己那麼努力地工作，為什麼反而不受器重，她想當面去找上司質問，卻被上司的祕書制止，告訴她上司是因開會的事情而惱怒，白若琳這才明白，原來自己一不小心踩到了地雷。

主管是對你的職場之路發揮至關重要作用的人，如何才能讓主管器重自己，這是困擾許多白領的一個難題。

那麼，主管喜歡什麼樣的下屬呢？試想一下，如果你是主管，面對一個只需一個眼神就能準確掌握你的意圖，幫助你把事情全部辦好的員工，和一個雖然有能力，但是每件事情都需要你解釋半天才能明白的員工，你更喜歡哪一個呢？毫無疑問，答案是前者。畢竟他幫助你節省了很多時間，節省了很多口舌，他做的事情更稱你的心意。

所以，在工作的時候，試著去觀察主管的表情動作，從中揣摩這些細節所透露出來的訊息，然後將它融入工作中，這也是一種工作能力。

比如，當你的主管在你彙報工作的時候面帶笑意頻頻點頭，說明你的工作成果讓他很滿意，你可以在這方面繼續努力；但如果他眉頭緊鎖，或者低頭去做別的事情，那說明你的匯報他不感興趣或者不太滿意。

當然，凡事有度，過猶不及。只悶頭苦幹，絲毫不懂人情世故的人是無用武之地的，但是，將心思過度用在討好主管上，不務正業，一味逢迎諂媚的人也會讓人嗤之以鼻。所以要掌握好一個標準，讓它成為你努力工作的助力，而不是成為代替踏實工作的走捷徑的工具。

我們每天都要面對很多人，親人、朋友、主管、同事，還有許許多多擦肩而過的陌生人，這些人身分各異，性格各異，如果能夠學會去細心觀察和研究他們的言談舉止，透過這些外在的細節去了解對方的心理狀態，從而知己知彼，久而久之，你的人際交往能力就會得到很大的提升。

而當你習慣了去細心觀察身邊人，並且能迅速從中察覺出對方的心理變化的時候，你會發現，這其實是一件非常有趣的事情。

不是所有人都是想像中的「好人」

如果你是一個心思單純的人，那麼首先要肯定的是，你的這一品行是難能可貴的，因為這至少證明你在與人交往的時候，至少是坦坦蕩蕩的，沒有那麼多的壞心眼。但是，你要多加小心了，因為你被人利用和欺騙的機率會大大增加。

你可以單純，但你不得不承認，你生活在一個複雜多變的社會關係網中。在你身邊，存在著各式各樣的人，這其中有清明坦蕩的君子，也

有唯利是圖的小人，並不是每個人都能夠做到真誠待人的，你若不懂一點「心計」，就只會被這些人利用和欺負。

所以，雖然我們承認性情單純的可貴，卻還是希望自己能夠聰明一些，能夠準確地分辨出誰是真君子，誰是真小人，在交往過程中從容應對，不至於吃虧上當。

你有見過哪個奸詐狡猾、居心叵測之人把「我是小人」幾個字寫在臉上嗎？肯定沒有，因為那些居心叵測的人，常常會偽裝出一副君子的面孔，裝作真心待人、坦蕩無私的樣子來迷惑別人。

所以想要看出誰是好人誰是壞人，其實是一件不太容易的事情。這個時候，你能做的，首先是要改變自己的觀念——不要輕易地把所有人都想像成好人。寧多疑，勿偏信。

在生活中或者工作中，我們常常會受到一些人的幫助，其中有很多人是因為與你交情好或者助人為樂，但是不要因此就將所有人對你的示好都當作善意的。要知道，別人沒有任何義務對你好，他們這樣做，或者出於感情，或者出於喜好，但還有一種可能，是出於某種目的。很多時候，人們向別人示好是為了自己能夠有所獲益的。

比如，你去商店買東西，店員之所以噓寒問暖、忙前忙後，是因為他們希望能夠將商品賣給你，從而獲利。當然，這些商人和店員並沒有害你之心，但是你依然需要防備，要冷靜地去分析商品的品質、價格是否合適，而不要被他們誇大其實的吹噓或者對你的極力誇讚所欺騙，去盲目購買價格過高或者是不適合自己的商品。

所以，不要認為別人對我們的好是理所當然的，也不要憑藉自己的感覺而盲目地下結論。思考一下，他為什麼這麼做，你們之間是什麼樣的關係，有過哪些交往的經歷，他的性格如何，他在別人口中的評價如何……多多觀察，多多考慮，便一定能夠得出更加客觀與理性的結論。

每個人都喜歡聽好話，喜歡聽甜言蜜語，喜歡聽別人對自己的誇讚之詞。但是很多時候，這種糖衣砲彈下卻隱藏著十分可怕的陷阱，讓人防不勝防，所以古人才會用「口蜜腹劍」來形容那些善於言辭的小人。

從前有一隻很狡猾的狐狸，牠利用詭計欺騙了老實善良的鴿子媽媽，將可憐的小鴿子當成自己的食物。但是牠的詭計卻被一隻聰明的仙鶴拆穿了，狐狸因此十分生氣，決定要報復這隻仙鶴。

狐狸於是前往河邊去拜訪仙鶴。牠露出一個慈善而真誠的笑臉，先是對仙鶴美麗的外貌進行了一番誇讚，讓仙鶴漸漸解除防備，然後牠問道：「美麗的仙鶴，我很想向您請教一個問題，如果風從北邊吹過來，您的頭會向哪個方向轉呢？」仙鶴沒想到牠會問出這麼簡單的問題，想也不想地回答：「自然是朝南邊轉啦！」「那如果風從西面吹來呢？」「那自然是朝東轉。」

狐狸聽完一臉真誠地讚美說：「您不僅美麗，竟然還如此聰明，難怪連人類都誇您聰慧呢！」

仙鶴聽了狐狸的一番誇讚心裡美滋滋的，高傲地仰起頭，一副揚揚自得的樣子，對狐狸已經全然沒有了防備。狐狸悄悄向前靠近了幾步，繼續問道：「那如果風從四面八方吹來，您要往哪裡躲呢？」

仙鶴有些輕蔑地回答：「這還不好辦嘛，我把頭伸進翅膀裡不就行了！」說著牠將頭藏進了翅膀裡，為狐狸做示範。結果狐狸趁機猛地撲了上去，一口咬住了仙鶴的脖子。

有許多位高權重的官員或者富甲一方的商人，在春風得意時門庭若市，朋友遍布天南海北，可是一落魄或退休，便瞬間被人遺忘，甚至被曾經的「朋友」踐踏在腳下。所謂世態炎涼，正是如此。

或許你這一路走來順風順水，並沒有遇到過什麼壞人，所以你對此感到不屑，認為這世上還是好人多，坑蒙拐騙的人只是極少數。如果你這樣想，那就大錯特錯了，這只能證明你運氣好，卻不能保證你以後的運氣會一直這麼好。

一個人在這個社會上立足，不能只靠拚運氣，不能將自己的利益得失寄託在別人的人品上，而是應該學會如何去分辨真假好壞，如何去保護自己，遠離那些心懷不軌的假君子。

要知道，人永遠不可能被自己的敵人出賣，只有你信任的人才有出賣你的機會。

好人雖多，但生活中總有小人，害人之心不可有，防人之心不可無。

從口頭禪讀懂一個人的內心世界

你有口頭禪嗎？你記得你朋友的口頭禪是什麼嗎？或許你僅把口頭禪當作說話時的一種調味品，並不曾把自己和別人的口頭禪放在心上。但是，看似普通的口頭禪裡，卻隱藏著很大的學問，透過它可以看出一個人心裡的很多祕密。

你可以不相信對方的話，卻要相信對方的口頭禪中流露出來的訊息，因為我們看到的表情、聽到的語言或多或少經過了對方精心偽裝的，夾雜著許多表演的成分，但是口頭禪卻可以成為你了解對方的一個媒介。

口頭禪，作為一個人無意識流露的訊息，是能夠幫助我們探查到對方真實心理狀態的一個重要媒介。所以，你可千萬不要小看了口頭禪的重要性。

哪怕再微小的事情都有其必然存在的道理，而所有結果的展現，也必定有它的前因。雖然口頭禪在語言交流中，只不過處在一種輔助情緒發洩的地位，與語言中的主旨往往沒有多大的關聯，但是，它卻能夠客觀反映出許多事情。而探究這其中因由的過程，就是我們挖掘對方真正的性格與想法的過程。

口頭禪的形成，是一個長期習慣累積的過程，很多人口頭禪的形成都是在無意識中形成的。那麼，口頭禪是怎麼養成的呢？

口頭禪形成的第一種原因，是出於情感的宣洩。

「天好熱啊，煩死了。」舍友小琴剛進門，就對大家抱怨道。

「你們不知道，我今天去餐廳吃飯，排到我這裡糖醋排骨就沒有了，煩死了。」她一邊開啟電腦一邊說著，「哎，這電腦怎麼這麼慢，真是煩死了。」

「煩死了」三個字，小琴每天要說好多遍，室友們都已經聽習慣了。大家一開始沒覺得有什麼，可是時間久了，就聽煩了，對於她這個口頭禪感覺很無奈。室友跟小琴說了幾次，小琴說她會改，可是每次話到嘴邊就無意識地說出來了，根本改不了。室友每天聽著「煩死了」幾個字，心情也莫名其妙地跟著不好起來，這三個字就像有魔力似的。

你有沒有發現，那些將「鬱悶」、「煩死了」、「糾結」、「沒意思」這種口頭禪掛在嘴邊的人，性格往往是消極的，凡事喜歡往不好的方面去想。他們將口頭禪作為一種情感的宣洩通道，把對生活的不滿，透過口頭禪的方式表露出來。

而相反，那些積極向上、性格開朗的人，則更多的是把「沒問題」、「太好了」等口頭禪掛在嘴邊。這也是一種內心情感的宣洩，只不過他們的情感更加積極、更加陽光。

口頭禪形成的第二種原因，是習慣的累積。

相信很多人都有過這樣的經驗：有些詞語或者句子，一開始覺得新奇或者有趣，就常常掛在嘴邊，久而久之，就形成了習慣，這些詞語或句子總會在說話的時候不受控制地蹦出來。

尤其是現在網路用語氾濫，很多新興語言頻頻出現，大家覺得好玩，爭相效仿，而說得多了，就變成了自己的口頭禪。

口頭禪形成的第三種原因，是特定生活狀態造就的。

孩子有孩子的口頭禪，大人有大人的口頭禪，各行各業的人都可能有特定的口頭禪，這是因為不同人群的生活方式不同，所以他們的口頭禪也會有所不同。

比如學生中常常會出現「點名了嗎」、「作業還沒寫」、「考砸了」……這些適用於學生族群的口頭禪，這些口頭禪在其他族群身上就很少出現。同樣的道理，大學生、職業白領與農村婦人之間的口頭禪在大多數情況下也是不同的，這些口頭禪來自他們不同的生活經歷，因此在一定程度上反映出了他們的生活狀態。

如果你足夠細心的話，就會發現，有些人的口頭禪其實是與對話毫無關係的，甚至是辭不達意的，那麼他們為什麼流露出這樣的口頭禪呢？這其實隱含著說話人的潛意識，只要仔細分析，就能發現其中的奧祕。

比如說，一個人如果說話的時候常常會有「嗯」、「啊」、「這個」等這些用來延緩語言速度的有明顯思考性質的口頭禪，無非有三種情況：第一，這個人比較謹慎，說話之前會再三考慮，出口的話十分慎重；第二，這個人的思維反應比較遲鈍，他跟不上對方說話的節奏；第三，他的心思可能不在你們談話的內容上，對你說的內容不感興趣或者並不了解，在隨口敷衍你。

再比如，常常把「但是」、「不過」、「然而」、「可是」這樣帶有轉折意思的詞語作為口頭禪的人，通常是比較有主見的人，他們樂於發表自己的觀點，並且以此為榮，不喜歡被別人控制。他們希望表達自己的觀點，但是又不想因此得罪人，所以喜歡採用這種婉轉的方式來表達。

口頭禪是「可能吧」、「也許吧」、「大概吧」這種模糊詞語的人，剛好與喜歡說轉折詞語的人相反，他們有更強的防範意識，不喜歡將自己的想法輕易表露在人前。因此，有這種口頭禪的人多數是比較內向、不太善於與人交流的人。

說話時總會說「必須」、「一定」、「絕對」這種肯定性質詞語的人，通常是比較強勢的人，他們對自己充滿信心，相信自己的判斷能力與做事能力，習慣去主動把控事件的過程，並且喜歡說服別人，喜歡被人服從、被人仰慕的感覺。

經常把「說真的」、「不騙你」這樣強調性的詞語掛在嘴邊的人，多數是不自信的人，他們因為害怕自己說的話不被重視或者不被相信，所以養成具有強調意味的口頭禪。這種人的性格多數時候是缺乏安全感的，比較重視別人對自己的看法，希望去取悅別人，得到別人的信賴。

而常常把「我聽說」、「聽人說」、「他們說」等這樣的話作為口頭禪的人，多數是做事圓滑，喜歡給自己留餘地的人，他們在說話或者做事時總是會先給自己留好退路。

所以，千萬別小看了這些小小的口頭禪，它們可是有著大學問的，只要你在生活中仔細去聽，去分析，就一定會找出口頭禪與人的性格、觀念之間的關聯。

看人的關鍵在於突破思維定式

「思維定式」這個詞語，相信你在很多場合都曾經聽過。很多人把思維定式形容成一堵牆，這其實是很有道理的，因為它就像一堵牆一樣擺在你的眼前，讓你在思考問題和解決問題的時候，總是受到它的影響。

思維定式存在於一個人思考問題和解決事情的各個方面，所以我們在識人看人的時候，也多多少少會受到它的影響。

或許有些讀者會認為自己的思維足夠活躍，沒有定式可言，那麼請想一下，在生活中，你有沒有以貌取人的習慣。

高低貴賤是人類從古至今形成的一種長期的固定觀念，早已深入骨髓，因此在我們每個人的心裡，其實都是把人分為三六九等的。

你在與人接觸時，如果對方衣著講究、談吐從容，那麼你在真正對他深入了解之前，大腦多半會首先根據他的外表給出一個很高的分數，從而影響理智的判斷。如果對方形象邋遢、衣著破舊，或許你都沒有興趣去深入了解這個人性格如何，在心裡給了他一個大大的負評。這便是受了思維定式的影響。

小林在公車上玩手機。公車靠站的時候，上來了一個穿著有些破舊的、不修邊幅的人，那個人見小林身邊有空，便站到了她的旁邊。

這時，小林下意識地將自己的背包挪向了遠離那個人的另一邊。臨下車的時候，小林不放心地摸了一下自己大衣的口袋，發現口袋裡的錢夾不見了，她毫不猶豫地懷疑起身旁那個穿著邋遢的人來，在她的質問下，車裡的好幾個人都發現自己的錢包不見了，於是要求司機直接把車開到附近的警察局。

經警察調查，小偷根本不是那個穿著破舊的人，而是小林身後一個穿著上等西裝的男子。幸好小林發現得早，小偷還沒有來得及下車，大家的財物都及時得以歸還。

從警察局出來，小林覺得十分愧疚，想到自己在車上毫無根據地判斷那個穿著破舊的人為小偷，對那個無辜的人很過意不去，跟他道了歉。

小林之所以會毫無根據地認為那個穿著邋遢的人最可疑，就是因為在她的心裡有一個定式的思維觀念在引導，讓她習慣了透過第一眼的印象來迅速得出結論。

這樣的判斷是百分之百準確的嗎？答案當然是否定的。騙子和小偷可以打扮得有模有樣，偽裝得道貌岸然，而衣著破舊邋遢的人很有可能是個心地善良的、純樸的體力勞動者。

還有一些人，在看人的時候喜歡憑藉自己的經驗來下論斷。人是一種聰明的動物，擁有快速學習的能力，善於在生活中不斷累積經驗，從而達到進步的目的，而這種從生活中日積月累學習來的東西，被稱為經驗。

經驗雖好，但是有時候也會因為我們太過於相信自己的經驗，造成思維定式。生活中，當遇到一個與從前曾經接觸過的人相似的人，這種思維定式就會發生作用。如果之前接觸的那個人是好人，那麼我們會先入為主地將後面類似的人認為是好人；如果對之前接觸的那個人印象不好，那麼通常後面這個人在我們心裡的印象也不會好到哪裡去。

比如一些感情上受過傷害的人，就很喜歡做出自己的經驗論斷。

一個男人，曾經認識了一位相貌美麗、衣著時尚，但是行為不太檢點的女性，由於這位女性不專一或者貪圖虛榮富貴，拋棄了這位男性，這種類型的女性在這位男性的觀念中往往會形成一種定型，每當他看到長相姣好、衣著時尚的女性，他的第一印象一定是認為這個女人是靠不住的。但是事實上，並不是所有相貌美麗的女子都不忠於感情，這種以偏概全的結論顯然是不對的。

相信讀者們都多多少少有著這種憑經驗判斷別人的習慣，應當適當拋卻這種思維定式。

這世界上沒有兩個人是完全一模一樣的，即使相似，也總有不同的地方，所以，你不能因為別人與你之前認識的人在某個方面有共同點就輕易地對他做出判斷，否則結論很可能是錯誤的。

還有一些人，有從眾的心理。人類的社會屬性決定了我們無法脫離社會，因此為了融入社會，我們常常習慣於與身邊的人達成某種一致。只有與社會上的大多數人擁有相同的價值取向，擁有相同的行事風格，擁有相同的思維觀念，一個人才能夠在社會中游刃有餘地生存。所以，當身邊的人對一個人做出大致相同的判斷的時候，我們的心裡便會輕易地認可他們的結論。

比如，在工作或者生活中，有一個人，你與他素未謀面，對他的情況一概不知，而你身邊的同事或者朋友都對他讚譽有加，你的心裡會自然而然地認為他是一個非常優秀的人；反之，如果別人對他的評價非常不好，那麼你也會理所當然地對這個未曾謀面的人產生反感。

但是，有些時候，大眾認可的或者說別人認可的東西，卻不一定是正確的；即使是正確的，卻並不一定是適合你的。因此，不要被從眾心理盲目驅使，所謂「耳聽為虛，眼見為實」，比起別人的議論，要更加相信自己的判斷。

思維定式對我們的影響無處不在，所以，在識人斷物的時候，我們要學會有意識地去突破，時時牢記以不變應萬變的道理，不要一條直線走到黑。社會在變、人物在變、情形在變，如果我們還守著過去的思維定式，怎麼能保證次次都對一個人做出準確的評價呢？

所有的口誤都是潛意識的眞實流露

口誤，在說話的時候很常見，相信你自己也曾經有過口誤的時候，所以，口誤常常讓人覺得是情有可原的，所以與口頭禪一樣，在交談的過程中總是被人忽略。

或許你會覺得，對方又不是主持人，說話有個口誤很正常吧，誰沒有走神或者嘴巴不聽使喚的時候呢！但是，別忘記，任何事情的發生都不是毫無緣由的，所以，大多數的口誤，其實多多少少都是對方心理狀態的一種流露，值得我們去深入探究。

口誤，說白了是說話時犯的錯誤。但是，人在什麼情況下最容易出錯呢？一個學生，明明會做一道題，為什麼一考試就出錯？一個人平時口齒伶俐，為什麼一上臺講話就結結巴巴，頻繁忘詞？

人通常只有在緊張、焦慮、心虛、受壓迫等非正常狀態的情境之下才會犯錯，所以，口誤的出現，也必有其因，它的內容往往是內心深處真實想法的反映和寫照。

偉大的心理學家佛洛伊德就曾說過：「口誤，是潛意識改頭換面的表現。所有的口誤皆是出自人的內心，只不過由於內心的想法埋藏得太深，連自己都無法察覺而已。」

口誤的出現，有許多種原因，當然不排除偶爾有嘴巴不聽使喚，或者說話言不由衷的可能。有時候，我們在說話時由於走神或者受到干擾，會出現語序錯亂的現象，比如將「人中呂布，馬中赤兔」錯說成「人中赤兔，馬中呂布」，將「歷歷在目」說成「目目在歷」等等。

這些口誤是由於語言排序錯亂或者受客觀干擾造成的，一般不能認為是潛意識訊息的流露。這種純口誤的現象比較少見，而且也並不難分辨。

但是，有一些口誤，就需要引起你的注意了，因為它們很可能就是對方不小心露出來的馬腳。

比如，頻繁地口誤，就是辨識謊話的最好證據。一個人如果在說謊，那麼心裡就會多多少少處於緊張的狀態，語氣也會隨之變得猶豫與不連貫，而且口誤出現的頻率會比平時說話增多。因為人在編造謊言的時候，需要一邊說話一邊緊張地思考。在這種情況下，他的說話狀態會出現字或句的反覆重複、語言的不連貫、句子的不完整以及說漏嘴等情況。

所以，如果你在跟人說話的時候，對方出現了這些狀態，你就要小心了，他很有可能是在說謊。

這個時候，你可以透過引導式提問的方式或者觀察對方表情變化的方式，來作進一步的確認，如果他在你的引導式提問下語言更加混亂，或者在重複提問的時候無法記住自己之前說的話，再或者他的表情很不自然，那麼就基本可以確定他是在說謊了。

再比如，偷換字詞的口誤，其實是潛意識的流露。俗話說，酒後吐真言，這是因為人在大腦不受理智控制的時候，往往會吐露很多平時小心隱藏的真實心聲。而口誤，有時候也是「真言」的另一種流露形式。

一個人總有許多不盡如人意的心事，或者是不想被別人知道的祕密，這些真心話被小心地隱藏在心裡，不會在言談中被有意識地說出來，但是，人的潛意識是不會偽裝的，有的時候，一旦理智沒有控制到位，它們就會不小心地流露出來。

1990 年代有一部經典的美劇《六人行》（*Friends*），在劇中，羅斯與瑞秋原本是非常相愛的戀人，但是因種種衝突和誤會而分手。

後來，羅斯結識了一位美麗高貴的英國女性艾米麗，兩人決定攜手步入婚姻的殿堂。結果，在婚禮儀式上，在他們當著神父的面莊嚴宣誓的時候，羅斯卻錯把艾米麗的名字唸成了瑞秋。

電視劇中的場景，是編劇虛構的情節，原本不能夠作為分析現實生活的論據，但是別忘了，藝術來源於生活。在現實生活中，存在著許多相似的口誤場景。而這種口誤，明顯就是對方潛意識的流露。就像羅斯，因為深愛著瑞秋，潛意識裡希望她才是自己結婚的對象，所以才會唸錯了名字。

所以，如果在交談的時候，對方有這種情況的口誤，那麼你便可以由此猜出他內心的真實想法了。

還有一些人，喜歡在背後根據別人的弱點或身體缺陷取外號，有時會一不小心說漏嘴。雖然這是口誤，並非故意羞辱對方，卻也是他心裡輕視對方的一種表現，至少說明他是沒有從內心裡尊重對方的。

舉了這麼多例子，相信你已經了解了，很多口誤，看似無心之過，卻並非偶然。畢竟，如果心裡沒有出現這一想法，嘴裡又怎麼可能毫無來由地脫口而出呢？

所以，對方的嘴裡看似完全無關聯的口誤，有時候往往隱藏著巨大的玄機。在日常生活中，我們雖然做不到如心理學家這樣專業，卻也可以透過口誤追溯緣由，去幫助自己更好地了解對方內心的真實想法。

第二章

覺察力，看透他人的基本功

抓住有效訊息是提升覺察力的關鍵

什麼是覺察力？這個詞語看起來高深莫測，其實很簡單，就是明辨世事、審時度勢的一種能力。

你可千萬不要小看覺察力的重要性，一個人一旦擁有敏銳的覺察力，就能夠比其他人更加準確地掌握生活中的人或事的本質與發展規律，從而能夠更輕鬆地應對。

在你的眼中，一件事情或許很複雜，但是覺察力敏銳的人卻很容易把握事物的本質和發展動向；在你看來一個人是毫無破綻、無跡可尋的，但是覺察力敏銳的人卻能輕易地發現許多蛛絲馬跡；在你的眼中，兩件事情可能是毫無關聯的，但是覺察力敏銳的人卻能輕易地找出其中暗含的某種因果關聯。

秦宇與鄭涵是研究生同學，因為是同一個導師的學生，所以平時在同一個實驗室裡學習和做實驗。

這天早上，秦宇在老師交代的實驗工作中遇到了一些問題，想要去老師的辦公室請教，鄭涵卻攔住了他：「焦老師這時候心情不好，你如果去了肯定捱罵，等她心情好了你再去吧。」

「沒看出來她心情不好啊，沒事的，我就去問一個問題，老師沒有理由罵我。」秦宇沒有聽鄭涵的勸告，敲了老師辦公室的門。

不一會兒，秦宇垂頭喪氣地從老師辦公室裡走了出來，來到鄭涵面前抱怨道：「果然捱了一頓罵，不僅捱罵，實驗報告還得重寫！我招誰惹誰了！不過，你怎麼知道老師今天心情不好的？」

「平常心情好的時候，焦老師總是快到上班的時間才來辦公室，因為家裡有老公和孩子需要她做早飯，可是今天她早早地就來辦公室了，而且表情嚴肅，還把辦公室的門關上了。這明顯就是跟老公吵架了，所以心情不好啊！」鄭涵解釋道。

「原來是這樣，我怎麼就沒看出來呢？」秦宇撓撓頭，只能無奈地回去改實驗報告了。

看到這裡，相信很多讀者都已經開始羨慕那些擁有敏銳覺察力的人了。其實不必羨慕，因為只要掌握正確的方法，你也可以擁有這項技能。

覺察力在你生活的各方面，都可以發揮它的作用。它就像一把萬能的鑰匙，能幫助你去解開一個個難題。

而要擁有敏銳的覺察力，首先要學會收集資訊。因為所有的判斷都要建立在有效資訊的基礎上，如果沒有資訊來源，判斷就無法發揮作用。

你留意過你身邊的那些訊息嗎？它們各式各樣，無處不在，卻常常被人忽略。但是，這些被你忽略的訊息，卻恰恰可能是我們用來判斷一件事情或者一個人的重要依據。

白晝在太陽升起時到來，在日光西斜後結束，候鳥的北歸代表著春天的復甦，而樹葉的凋落意味著秋天的來臨……花開花落，雲聚雲散，自然萬物中所有現象的發生都不是毫無緣由的，它們之間有著各式各樣的關聯，而覺察力，就能幫助我們尋找這些訊息，迅速對隨之而來的變化與走向做出判斷。

所以，培養覺察力的第一步，就是要學會如何尋找和收集訊息。訊息的收集，需要依靠我們的感官，感官往往先於我們的大腦與外界產生關聯，它們是收集和傳遞訊息的主要通道。

我們眼睛看到的、耳朵聽到的、口鼻嗅到的、手指觸控到的，這些都是幫助大腦分析和運作的重要訊息來源。

因此，在生活中，你要有意識地去做一個細心的人，多聽、多看、多了解，去掌握更多的資訊，才能幫助大腦做出更準確的判斷，覺察力才有發揮作用的前提。

現今可以說是一個資訊爆炸的社會，各式各樣的訊息，充斥著我們的頭腦。但是，如果你因此忽略訊息的重要性，那可就大錯特錯了。俗話說：「知己知彼，百戰不殆。」這句話不僅在戰爭中適用，在任何的競爭場合下都是適用的。換言之，在這個到處都充滿著競爭的社會，誰掌握的資訊越多，準確性越高，誰就越能夠在競爭中脫穎而出，成為最終的贏家。

在學校中，學生們面臨著各式各樣的考試，每天書山題海、挑燈夜戰，這個時候，如果誰能更早地了解到考試的出題方向，掌握住老師講課時的重點內容，在複習過程中更加有針對性有方向性地去準備，將更多的時間放在重點內容上，那麼他在這一次的考試中一定是比其他不知道的同學占優勢的。

在工作中，同事之間的競爭更是無處不在，為了升職加薪、為了拚出更好的發展之路，相互之間往往是卯足了勁在競爭的。這個時候，如果誰能及時關注到行業未來的發展動態，了解上司的用人準則，在工作內容上有針對性地加強自己的職業技能水準，在職場處世上更加受到主管的賞識，那麼當機會來臨時，就一定能比別人更勝一籌。

在商場談判中，有時候為了談成一樁生意，往往要跟其他許多家同類型的公司競爭。只有掌握了對手沒有掌握的消息，或者掌握消息的速度快於對方，才能在激烈的競爭中快人一步，搶占先機，獲得主動權。

當然，你不僅要學習收集資訊的本領，更要在收集資訊的基礎上，學會對資訊分門別類。將零散的訊息根據不同的類別進行整理，並找出其中的前後關聯，只有這樣，才能將零散的訊息連成一個有序的整體，幫助我們釐清思路。

而對於那些來源不可考的消息，要進行反覆查證，不要讓一個錯誤的或者過時的資訊，造成整體決策的失誤。

總而言之，覺察力要建立在訊息的基礎上，資訊的數量和品質，決定了覺察力能否發揮最終的作用。因此，一定不要忽視資訊的價值。

發現隱藏在細節中的訊息

當你走路的時候，如果你的面前出現一個障礙物，你會怎麼辦？相信絕大多數人都是不由自主地做出反應 —— 眼睛將這一訊息傳遞給大腦，然後及時做出反應，繞過或邁過障礙物。再比如，當聽到有人叫自己的名字，你會怎麼辦？自然是條件反射似的做出應答。

這些種種反應，都是大腦透過接收外界訊息從而做出的及時應對。

所以，每個人都是有覺察力的，但是，如果想成為一個覺察力敏銳的人，單單依靠這種身體對訊息的自然應對是遠遠不夠的。因為這種獲取訊息的方式，只是依靠先天的反應速度與生活中經驗的不知不覺地累積。

這種程度的覺察力，可以有效地辨識出那些對於我們的生活必不可少的外界訊息，卻常常會遺漏許多其他訊息。所以，它還遠遠達不到我們所說的，將覺察力作為一種競爭優勢的能力標準。

既然是一種能力，就必然有它可以提升的方式。那麼，如何才能有效地提升自己收集和篩選資訊的能力呢？

首先，你要做一個生活中的有心者。人的天性是懶惰的，所以對那些與自己的目的無關的事物，我們常常會選擇性地予以忽略。越是熟悉的外部環境，我們就會忽略得越多。

史邁爾斯（Samuel Smiles）曾說：「對微小事物的仔細觀察，就是事業、藝術、科學及生命各方面的成功祕訣。」

名偵探柯南與福爾摩斯，相信大家都不陌生。讀過這些偵探類小說便不難發現，但凡能夠成為名偵探的人，他們的身上都有一個共同的優點——從不放過身邊的任何一個細節。

很多時候，真相往往就隱藏在這些最容易被人忽略掉的蛛絲馬跡之中，看似與案情毫無關聯的一縷髮絲、一塊墨跡，或許就會成為串聯整個案件經過的關鍵鏈，而犯罪嫌疑人的辯解，看似毫無破綻，卻可能因一個細微表情的變化被偵探捕捉，而成為他最終被定罪的關鍵因素。所以，一個善於收集資訊的人，一定是一個細緻入微的人。

這就像「蝴蝶效應」，一隻南美洲亞馬遜河流域熱帶雨林中的蝴蝶，偶爾搧動幾下翅膀，可以在兩週以後引起美國德州的一場龍捲風。那些初始條件下微小的變化，看似微不足道，但是最終卻可能產生巨大的連鎖反應。

所以，生活中任何一個看似微不足道的訊息，其實都是值得你去充分發掘與注意的。學會在生活中做一個有心的人，善於觀察，善於發現，久而久之，你收集資訊的能力便會得到很大提升。

不僅如此，你還要學會從別人的身上獲取資訊。

一個夏日的傍晚，余歡下班準備回家，沒想到剛到公司樓下，就下起了暴雨。她沒有帶傘，門口攔不到計程車，捷運離得又遠，只能站在樓下避雨。

「沒帶傘啊？」同事陳晨從身後走過來，從包裡取出了雨傘，「我剛好也要搭捷運，我們同撐一把傘吧。」

兩人的關係不錯，余歡便沒有推辭。在路上她隨口問道：「你看了天氣預報嗎？」

「沒有啊。」

「那你怎麼知道今天要下雨呢？難不成你每天公事包裡都帶著一把傘？那多重啊。」

陳晨笑了笑，說道：「我們這裡又不經常下雨，我怎麼可能每天都帶著傘啊。只是今天早上出門的時候，看到一個鄰居帶了傘，剛走下樓，又看到社區裡有人帶了傘，所以我就猜測今天應該有雨，於是就上樓取了一把傘。」

「你也太細心了吧，我出門從來不關心別人拿什麼東西，活該我被雨淋。」

今天是否有雨，不一定非得自己去查天氣預報尋找答案，從別人那裡一樣可以得到資訊。所以，收集資訊其實不能只靠自己盲目地尋找，還需要學會資源整合。將別人的資訊收整為自己的資訊，是一種快速掌握資訊的方法。說白了，就是要學會坐享其成。

如果你不了解一件事情，那麼從別人身上尋找資訊，其實是一個明智的選擇。比如，如果你想炒股，但是卻對股市一無所知，面對各式各樣的數據和瞬息萬變的行情摸不著頭緒，這時如果你身邊有人精於炒股，你就可以在他們的身上尋找一些資訊了。當他們突然大力買入的時候，多半此時是適合買入的低點了，而當他們突然從股市中抽身的時候，雖然你對股市行情一無所知，卻也能由此知道股市將面臨動盪。

從別人身上收集資訊，不僅能夠豐富我們自己的資料庫，而且能夠幫助我們更加了解身邊人的動向，可謂一舉兩得。

除此之外，你還要學會從自己的經驗中獲取資訊。從自己的身上獲取資訊，這聽起來有些奇怪，其實卻蘊含著許多的道理。

比如，當你做成功了一件事情的時候，你其實可以在這個成功的過程中提取出很多有用的資訊，包括成功的主要原因是什麼；自己做了哪些方面的努力，這些努力哪些是有用的，哪些是多餘的；利用了哪些方面的資源，受到了哪些人的幫助或者阻礙……這些資訊都能夠成為你下一次成功的經驗。

反之，當你做一件事情失敗了，或者遭遇到無法解決的難題時，你也可以從中獲得許多有用的資訊，包括遇到的困難是什麼；這一困難是自己獨有的，還是社會上的許多人都面臨著同樣的困難；如何才能解決或者避免再次遇到這樣的困境；自己還有哪些欠缺的地方，如果再做一次，能不能獲得成功……這些資訊能夠幫助你找到通往成功的祕訣，因此也是不容忽視的。

試想，如果忽略了這些訊息，不及時地進行總結，那麼一次的成功將難以成為以後成功的經驗，而一次的失敗也無法成為下一次成功的墊腳石，那又如何進步呢？所以，訊息不僅僅來源於外界，很多時候，我們自己身上就隱藏著許多有價值的訊息。

訊息無處不在，學會做一個有心人，細心地去了解和發現身邊的人和事中隱藏的訊息，一定能夠從中獲益。

有效提升覺察力的三個步驟

透過前面的講解，相信你已經明白了訊息對覺察力的重要性。但是，只擁有訊息是遠遠不夠的，要想讓這些有用的訊息真正地產生價值，就必須在此基礎上進行思維的整理和思考，從而想出應對的方案。

因此，真正發揮作用的，是最後方案的提出，如果方案不適當，那麼之前的所有努力也都將付之東流。

為了能夠使覺察力更有效地發揮作用，成為最終幫助你處理和解決問題的優勢和能力，你就應該學會如何去完善由覺察力得出的具體方案。這一完善過程，包括以下三個步驟：

首先，細化方案。你可能有過這樣的經歷，在處理問題的時候，會發現最終的結果跟自己預想的總會有多多少少的偏差，這就是方案沒有深入細緻地研究的後果了。

我們在思考問題的時候，往往會先從宏觀角度出發，給出一個整體的思路和預想的目標，卻常常忽略很多細節的問題。但是，很多時候，即使是一個小小的疏忽，都有可能為我們帶來巨大的麻煩。這絕不是危言聳聽。

小芬是某公司行政部門的一個職員。公司為了獎勵員工，決定舉辦一次團隊戶外活動，主管將這件事情交給了小芬負責。

為了能夠出色地完成任務，小芬每天加班，考察場地，了解同事們的喜好，策劃活動內容，預訂酒店和餐廳……她的方案看上去完美無缺，讓主管和同事們都非常滿意。但是，活動當天，一場突如其來的暴雨，卻讓整個活動都泡湯了，大家在酒店的房間裡度過了無聊的一天。

回來後，小芬很傷心，她埋怨天公不作美，也為同事不理解自己的一番苦心而委屈。然而，一位資歷較深的同事的開導卻讓她明白，其實她最應該埋怨的人是她自己。

那位同事說：「妳的策劃很好，妳也確實很努力，但是不可否認的是，妳的方案存在一個重大的細節漏洞。戶外活動，天氣原本就是影響活動效果的重要因素之一，妳沒有考慮到這一細節，就只能為之承擔風險。這個時候，妳不應該去埋怨天氣的多變，而是應該反思自己的疏漏。如果妳在做方案的時候，考慮到了天氣的原因，透過天氣預報確認了那一天是晴天，並且提前策劃好天氣有變可以代替原計畫執行的方案B，那麼妳的方案顯然會更加完美。」

其次，實施方案。細節決定成敗，目標再遠大，也得腳踏實地，一步一腳印地去完成。所以，任何一個方案，只有宏觀規劃，沒有具體實施細節都是不夠的。

如果你想提升英語水準，僅僅制定一個一年內考托福、雅思的大方案是不夠的，還要具體到每月、每週、每日的具體工作量，一天背幾個單字、讀幾段文章、一週做幾組習題、看幾部英文電影……只有將方案細化到每一天，在執行的過程中才能有條不紊，用日積月累的進步，換來最後那個大目標的成功。

再好的想法也需要細節的支撐，再好的方案如果只是一個設想，也是沒有多少參考價值的，只有細化後的方案才能夠真正付諸實踐。

不僅如此，你還要善於尋找方案中的漏洞。這世界上沒有任何一個人是完美無缺的，同樣，也沒有任何一個處理問題的方案是完美到沒有任何不足之處的。如果你堅持認為自己的方案無懈可擊，那就只能止步不前了。

最後，檢視方案的完整度。檢視方案的完整度是一項充滿挑戰的工作，需要具備充足的耐心。如果你感到無從下手，那麼不妨考慮一下這幾點：

第一，從整體角度出發，去分析方案的整體思路是否正確，大目標的制定是否合理，邏輯順序是否通暢，預期達到的效果是否令人滿意；

第二，從細節出發，檢查各個階段的細節是否連貫、是否準確，有沒有前後矛盾的地方或者重複的地方，有沒有忽視哪些地方，風險的預判是否全面，以及這些細節是否能夠行之有效；

第三，從結果出發。試想一下，如果方案成功，會對相關的人或事產生什麼樣的影響，這一影響是好是壞，如果是壞的，那麼能不能避免，如果不能避免，那麼如何去彌補；

第四，學會比較，取長補短。參考一下別人的方案，看看他們有哪些地方值得我們學習，看看他們的方案中有哪些問題需要引起我們的注意。除此之外，還要多向有經驗的人去請教，踩在巨人的肩膀上去爬山，遠比自己漫無目的地摸索要容易得多。

意識到不足，是進步的先決條件。要記住，在這個世界上，永遠沒有最好，只有更好。所以，針對漏洞和不足，加以改進，就是你接下來要做的工作了。

一個人能夠意識到自己的缺陷和錯誤固然是好的，但是這本身無法讓人進步，所謂失敗是成功之母，前提是要學會在其中學習和累積經驗，然後努力地去更正和改進，所以，改進方案才是重中之重。

曹雪芹耗盡畢生心血完成一本《紅樓夢》，但是他並沒有自滿，而是批閱十載增刪五次，才讓這部作品成為經典，於時間的長河中成就不朽的傳奇；美國的蘋果公司，在推出手機、iPad 等產品後，一躍成為電子科技中的佼佼者，但是他們依舊重視客戶的口碑，堅持更新，才得以長久保持了行業領先者的地位。

原子筆，作為現代人常備的書寫工具，為我們的生活帶來了許多的便利，但是它的發明過程卻歷經坎坷。1888 年，美國人勞德（John Jacob Loud）首先利用滾珠作筆尖，發明了原子筆的前身，並申請了專利，但是由於他沒有對這一專利中原子筆漏水等的不足加以改進，導致這一時期的原子筆沒有能夠成為實用的書寫工具，不能為人們帶來便利，因此沒能得到廣泛使用。直到半個世紀以後，匈牙利的比羅．拉斯洛．約瑟夫（Bíró László József）才在勞德的專利基礎上進行了改進，解決了漏墨水等問題，在他的努力下，才有了今天我們用到的如此便捷實用的原子筆。

勞德雖然擁有好的創意，但是卻沒有成功，原因就在於，他意識到了自己專利中的不足，但是並沒有完成改進的步驟，導致這一專利擱置了幾十年，也沒有為社會做出貢獻。由此可見，改進方案有時候比擁有創意更加重要。

方案作為覺察力的最終成果，方案的完善就意味著覺察力的完善，因此，學會根據以上步驟去完善你的方案，才能讓你的覺察力真正發揮它的作用。

自省中學習，觀察他人中進步

誰都想擁有敏銳的覺察力，可以洞察世事，透視人心，可以在為人處世的時候察覺到對方的心思變化，可以在萬端變化中找出本質，搶占先機。但是，想要擁有敏銳的覺察力卻並不是一件容易的事情，它需要不斷思考與訓練，需要對生活中的各方面進行學習，取得進步。

荀子曾說：「君子博學而日三省乎己，則知明而行無過矣。」一個人如果想要達到擁有智慧、洞察世事、言行無過的地步，需要透過廣泛學習知識和不斷審視、反省自身。

你敢保證你足夠了解自己嗎？很多人都認為自己是最了解自己的人，但是其實不然，真正了解自己的人是少之又少的。很多時候，我們之所以盲目地做出選擇，之所以走上不適合自己的道路，之所以在做完一件事情後感到後悔，往往是因為不夠了解自己。

人的心是複雜多變的，如果你不能清楚地了解到自己內心的真實想法，盲目地隨波逐流，那麼就算你擁有再敏銳的思維，也無法幫助自己在萬千選擇中選出那條真正適合自己的道路。這就跟做交易是一樣的道理，再優秀、再擅長行銷的銷售員，如果他不了解顧客的需求，也無法發揮自己的優勢，選出令顧客滿意的商品。

那麼，我們該如何去了解自己呢？最好的方法，便是自省。在人際交往過程中，為了能夠更好地與人打交道，我們常常花許多時間去了解別人，但是，卻很少有人願意花時間來了解自己。殊不知，真正的智者，都是懂得反省自己的人。

所以，你要學會透過自我反省來反觀內心，了解自己的真實想法，了解自己的需求；學會透過自我反省來梳理人生，將生活中的美好與不美好的經歷都化作養分，用來不斷充實和提升自己。

著名國學大師南懷瑾，在很小的時候就已經養成了每日自省的習慣。他的父親在書房裡為他準備了一張畫滿格子的紙。每天晚上，當小南懷瑾讀完了書，父親就會把他叫到跟前，讓他反思一天的所作所為，讓他想一想，有沒有做錯什麼事情，如果做了錯事，就要拿黑筆在格子裡畫上一個黑點，然後再想一想，有沒有做什麼好事，如果有，就拿紅筆在格子裡畫上一個紅點。

這張紙就叫功過格，南懷瑾大師就是在這樣一種自省的環境中長大的，日後他在講學中經常說起這件事情，並告訴學生們要養成自省的好習慣。

反省自己，是在錯誤中成長的最好方式。人非聖賢，孰能無過。每個人都會犯錯，生活中總有一些不盡如人意的地方。我們希望自己不斷地成長進步，成為更好的自己。而反省自己，就是幫助我們成長進步的最好途徑。

如果你希望做一個有自知之明的人，那麼不妨試著給自己制定一個自省的計畫吧！每隔一定的時間，便稍稍停下前進的腳步，靜下心來回顧一下這段時間中的種種。想想自己都見了哪些人，在這些人身上學到了什麼，在人際交往中又有哪些做得不足的地方；再想想自己都做了什麼事情，做得好的事情中有什麼可以總結出的有用的經驗，做得不好的事情為什麼不好，怎樣去改進……

你可以透過提問的方式，來幫助自己梳理和回顧，從中發現自己在性格上的缺陷，在辦事能力上的不足，然後加以改進，如此一來，才能夠不斷地進步，讓自己在每一次自我反省過後，都能夠成為更好的自己。長久堅持下來，相信你一定會受益匪淺。

你有沒有這樣的困惑：為什麼你總覺得自己的方案非常完美，可是實踐起來效果卻差強人意？自省之所以難以做到，是因為人們很容易看到別人身上的缺點，對於自己的觀點，卻常常固執己見，不願意承認自己。

當你的覺察力幫助你形成思考結果的時候，一定要學會放下自己的固有觀念和看法，不要認為自己努力思考得出的結論就一定是最好的。因為一旦你抱著「我的結論是最好的」這種先入為主的觀念的時候，你就會不由自主去維護它，不願去承認它的缺陷，甚至是從心理上選擇逃避。這樣一來，原本可以在付諸實施之前進行改進和完善的方案，會因你的固執己見而最終面臨失敗。

所以，你應該時時抱著虛心的態度，不但接受別人的建議和批評，也要時時自我反省，客觀地去看待，客觀地去反思。只有這樣，才能及時發現其中的缺陷與不足，及時改進，才能超越自我，獲得成功。

那麼，應該如何從別人的身上進行思考和總結呢？一句話：擇其善者而從之，其不善者而改之。相比自己身上的缺點，人往往更容易看到別人身上的缺點。所以，當我們在觀察別人的時候，如果發現了對方身上的缺點，要及時反觀自己，看看自己是否也有著同樣的缺點，有則改之，無則加勉。

人活著不過短短幾十年，能學到的知識和所經所感都是十分有限的。但你欠缺的，你不擅長的那些知識和能力，或許恰恰正是別人所擅長的。因此，學會思考別人身上的經驗教訓，來打破自己認知的局限，是豐富和提升自己的一個很好的方法。

思考是我們前進的前提和動力。善於思考的人，能夠在自我反省的過程中學習，能夠在思考他人的過程中進步。

巧妙擺脫邏輯錯誤惡性循環

你已經學會了如何細緻入微地收集資訊，學會了如何將這些資訊轉化為處理問題的方案，從而產生效果，但是，如果你還是無法擁有一個敏銳的覺察力，那麼就是欠缺思考和推理的本領了。

你是否有這樣一個疑問：應該怎樣將訊息轉化為解決問題的本領呢？

其實這其中需要的，就是你的思考和推理的能力，它們是連接訊息與方案之間的橋梁，換言之，全靠我們思維執行的本領。

如果你的推理能力很強，方向也很正確，那麼你就能夠將訊息轉化成適當的、行之有效的方案，但是，如果你的推理方向是錯誤的，那麼推理的結論可想而知，一定是有所偏差的，甚至是與事實大相逕庭的。

所以，如果你想避免推理出現偏差，就首先應該清楚分析過程中可能出現的各種錯誤，然後有針對性地進行改正與迴避。

有些人會受固有觀念的影響，導致同樣的錯誤反覆出現，這一現象在你身上是否存在呢？我們的天性是善於學習的，善於總結經驗，作為以後處理相同事情的參考。但是，這種天性也會導致我們常常會依賴於習慣。

當一件事情做過幾次之後，它在我們的觀念中就會形成一個思維定式，引導我們在下一次遇到相同事情的時候繼續按照這一思路去處理和解決。如果這個思路是正確的，那當然能幫我們減輕許多麻煩，但是，如果這個思路是錯誤的，就可能會產生不必要的麻煩。這也是為什麼我們經常會反覆犯同樣的錯誤的原因。

有些讀者可能不太明白其中的含義，那麼我們不妨來舉個例子。

寫字這件事對你來說一定不陌生，但凡有點文化的人都可以大筆一揮，信手拈來。我們很小的時候就開始學習寫字。但是，如果你仔細觀察就會發現，同樣一個字，不同的人寫的時候會有不同的筆畫順序，有的人先寫橫，有的人先寫豎，雖然最後寫成的字都是同一個，但是書寫的過程卻可能大相逕庭。

有時候，你明明知道自己寫某個字的筆畫順序是不對的，但是卻很難改正過來，這是因為你的書寫方式已經形成了固有的習慣，當你寫到這個字的時候，你的思維和你的手會自然而然地按照已經形成習慣定式的那個方式去寫，常常不受自己的控制。這就是固有觀念對我們潛移默化的影響。

同樣的道理，在我們針對一件事情或者一個人進行思考和推理的過程中，也很容易受到固有思維觀念的影響。但是這些固有觀念，有一些可能從一開始就是錯誤的，它會導致你不停地犯錯。

所以，當你連續幾次在同樣的推理問題上犯錯誤的時候，你就一定要注意了，仔細去回顧你推理的過程，看看其中是不是受到了錯誤的固有觀念的影響。

還有一些人，可能因邏輯思維的混亂而導致推理的結果出現偏差。

你有沒有遇見過一些不講道理的人呢？你在跟這些人說話的時候，有沒有一種秀才遇上兵的無力感？為什麼明明對錯很明顯的事情，到了不講道理的人那裡就說不清了呢？其實就是因為邏輯的偏差。他們的推理是不符合邏輯的，他們卻固執己見。

蔣玲玲最近認識了一位公司的老闆，兩人不僅成了好朋友，關係甚至有些曖昧不清。她的好友害怕她吃虧上當，所以忍不住勸她。

「我聽說那位葛老闆人品不太好，做生意方法毒辣，唯利是圖，妳千萬要多做防備。」

「妳別胡說，我跟他認識半年了，難道不比妳了解他嗎？」蔣玲玲很生氣，「他是什麼樣的人我最了解了，前些天南方受災，他還代表公司去捐款捐物給災區呢，這麼有愛心的人，怎麼可能是壞人呢！」

好友也不好再說什麼，便沒有再勸過她。過了小半年，蔣玲玲竟然搬去與葛老闆同居了。可是沒過多久對方的正牌太太找上門來，她這才知道自己成了小三。兩人大鬧了一場，場面很是難看，而葛老闆卻做了縮頭烏龜，從此與她形同陌路了。

你有沒有發現蔣玲玲的邏輯錯誤在哪裡呢？某某企業的主管為災區捐了款，所以這位主管是個有愛心的好人。這個邏輯看上去是對的，但其實卻是錯的。

很多人在思考問題的時候，都喜歡以偏概全或者以此代彼，這是不符合邏輯的。之前經歷過的一件事情曾有過不好的結果，或者之前見過的一個人不是好人，在之後再次面臨相似的人或事的時候，就會先入為主地做出判斷，這樣得出的結論自然存在錯誤的可能。

葛老闆身為企業的主管，捐款給災區，不排除他有愛心氾濫的可能，但是還有可能是，他也許是為了樹立企業的形象，也或許是為了為企業做宣傳等等。因此，單純從這一件事情就下結論說他是一個值得信任的人，這論據就是不充足的。

除了這些現象之外，我們還常常會犯各式各樣的邏輯錯誤。這些推理單獨拿出來說的時候，感覺很容易分辨對錯，但是，當運用到實際生活中的時候，往往就沒有這麼好分辨了。因為事情和人性的錯綜複雜，導致很多時候我們陷入邏輯的錯誤之中卻不自知。

所以，擁有冷靜的頭腦和客觀分析的理智，對你來說是很重要的。它們能幫助你擺脫邏輯錯誤的惡性循環，減少推理過程中的錯誤。

學會觀察，助你高效溝通

你是不是常常羨慕那些在人際交往中游刃有餘的人，是不是羨慕那些可以輕易成為眾人心目中所羨慕的對象的菁英人士呢？你有沒有想過，他們到底有哪些地方優於別人。

仔細觀察不難發現，這些人往往比別人更會觀察，更懂得說話的藝術。

有些讀者可能會產生疑問，觀察與言談，為什麼能夠把它們扯到一起去呢？

道理很簡單——善於觀察的人，在與人交談的時候，更容易覺察到對方的喜好與情緒變化，因此，在說話的時候能夠根據對方的性格及特點來總結自己的言語，從而使說出口的話語更加貼合對方的心理狀態，更容易引起對方的共鳴。而善於言語的人，多數是心思細膩邏輯清晰的人，具備這些特質的人更容易察覺別人忽略的細節，因此更善於觀察。

一個優秀的捕魚者，一定是能夠準確掌握海上的天氣與風向變化的人，否則不知什麼時候就會在風浪裡翻了船。同樣的道理，一個擅長與別人打交道的人，一定是能夠準確把握對方心理狀態、了解對方需求的人，否則不但無法探查清楚對方的真實想法，反而容易被對方輕而易舉地看穿。

一個眼神、一個動作、一個表情都可能隱含著對方心理狀態的微妙變化；一個人的衣著、坐姿、神態都會在不知不覺中透露出對方的性格特徵與身分地位。因此，觀察其實與言談一樣，都是一種交流方式，只不過，這種交流方式是悄無聲息的。

俗話說：「出門觀天色，進門看臉色。」擅長觀察的人，往往剛與他人見面，還未開口，便已經將這一切掌握在心中了。但是，一個不會觀察的人，往往已經讓對方感到十分不愉快了還不自覺，更別提想要達到自己的目的了。

在交談的時候，對方因為種種原因或者僅僅是出於禮貌，很多心裡的想法沒辦法直接說出口。他臉上掛著笑，不代表真的開心，他嘴上聊得很盡興，不代表他真的喜歡這一次的對話。這個時候，我們應該學會觀察，透過對方言行舉止間流露出來的訊息，來判斷對方的真實想法，只有這樣，才能在交往中掌握主動權。

比如，當你去別人的家裡做客，主人表面上很開心，但是你說話的時候他卻心不在焉，眼神看向別處，那麼很有可能你的到來並不受歡迎，或者是他著急去做別的事情。這個時候，你就應該起身告辭，而不是賴在那裡讓對方為難或反感。

清朝年間有一個秀才，寒窗苦讀了十年才學有所成，坐上了縣令的位置。一上任，他便依例去拜見自己的頂頭上司。

這位秀才學問很好，奈何把十年時光都用來苦讀聖賢書了，甚少與人交流，因此見到了官大一級的上司，又緊張又沒經驗的他，不知道該如何說話。於是一見面他便問道：「大人尊姓大名？」

見他一上來就問自己的名字，上司有些不悅，但還是勉強回答了他。「百家姓裡沒有大人的這個姓氏呀！」秀才思忖了許久，說道。

「因為我是旗人。」上司因為他不了解自己身分的事情越發不滿。一聽說是旗人，秀才更是來了勁，繼續問道：「請問大人是哪一旗呢？」「正紅旗。」上司不耐煩地回答。「正紅旗啊！不如正黃旗，正黃旗才是八旗中最高貴的！」秀才脫口而出。

上司勃然大怒，拍案而去，認為此人不堪重用，第二天就將他貶了官。

這位秀才便是覺察力弱的典型了，既不會觀察，又不懂說話的藝術，因此職場不順也是在情理之中的。更進一步說，這樣的人，不要說在職場，就是在日常生活的交往中，往往也是最不受別人歡迎的人。

你要知道，在與人交往的過程中，觀察與言談其實是相輔相成的。很多言語沒有告訴我們的真相，都可能會在對方的舉手投足間流露出來；許多在神態舉止中觀察不出來的事情，也可以透過巧妙的問話來引導對方說出來。

說話，每個人都會，可是你有沒有想過為什麼同樣的意思，不同的人表達出來效果卻千差萬別呢？

懂得說話藝術的人，可以將枯燥乏味的事情講述得有聲有色，讓聽者不以為苦反以為樂，而原本是關心對方的話語，從不懂說話藝術的人嘴裡說出來，可能反而讓對方感到不滿。所以，學會說話的藝術，同觀察一樣，都是人際交往中能夠提升我們個人能力的一種技能。

相信你在生活中一定曾有過被業務員推銷產品的經歷。不知道你有沒有發現，那些懂得說話藝術的業務員，能夠根據顧客的需求去宣傳商品的優勢，面對不同的顧客說不同的話，他們的銷售量往往要比那些不懂得說話的藝術，死記硬背商品資訊，不能從顧客個體差異性出發的銷售人員高得多。這便是語言的藝術所發揮的重要作用了。

說到這裡，可能有些讀者心裡覺得不舒服了，認為這是阿諛奉承，是小人的行徑。其實不然，是否奉承別人，在於你的心，而不在於你表現出來的方式。

一個喜歡阿諛奉承的人如果不懂得觀察或者說話的技巧，也只能說明他空有阿諛奉承的心卻沒有阿諛奉承的能力。相反，如果你的心裡是正直清明的，那麼懂得察言觀色和說話的技巧，既能為自己的人際交往加分，又能幫助自己恰當地去表達心裡的想法，成為一種好的助力，何樂而不為呢！

古往今來，那些興國安邦的君王、為國盡忠的謀士，又有哪一個不是善於觀察，長於說辯的呢？有能力者當如是！

第三章

一臉有百相，微動作藏有大祕密

他的表情，另有含義

表情是人類表現在臉部或姿態上的思想感情，是內部情緒和主觀體驗的外在反映。透過一個人表情的變化，我們能夠感知到對方心理狀態的變化，哭就是難過，笑就是開心。

但是，如果你認為自己了解表情，就能夠了解「微表情」，那就大錯特錯了。雖然與「表情」只相差一個字，但微表情卻是一門很奇妙的學問。

微表情，其實是心理學上的一個名詞，它是指人們在某個表情裡或者不同的表情之間瞬間出現又隨即消失的那些微妙的表情變化。

說白了，微表情其實就是隱藏在大家各種表情之中的、那些一閃而過的無意識的流露。它們往往能夠暴露出人的真實情緒和感受，因此成為心理學和讀心術用來研究人的性格、情緒、心理狀態等的主要依據之一。

我們都知道，人的臉部是透過做出不同的表情來傳遞訊息的，微笑的時候眼睛微瞇、嘴角上揚，哭泣的時候眉頭緊鎖、嘴角向下，生氣的時候眼神犀利、嘴唇緊閉……這些表情能夠幫助別人對這個人的情緒和心理狀態做出判斷。

但是，人是善於偽裝的，就像外貌的缺陷可以透過化妝來改善，我們對外展現出來的表情也是可以經過修飾或者作假的。

你有沒有心裡明明很開心，但是因為種種原因，卻一定要偽裝出一副悲傷的表情的時候呢？你有沒有明明很難過，為了不讓身邊的人擔心，不得不裝出一副很開心的樣子的時候呢？相信很多人都曾有過。

那麼，在這些可以透過修飾和偽裝展現出來的表情中，我們如何去分辨對方的真實想法呢？事實證明，微表情可以幫助你找到答案。雖然很多表情可以作假，但是一閃而過的微表情，卻很難作假，它們往往是人的真實感受在表情上無意識的流露，很多時候連自己都察覺不到。

換句話說，微表情其實就是那些被抑制被隱藏的真實情緒在某一個瞬間不受控制地流露了出來，雖然一閃而過，卻往往反映的是最真實、最可信的，相比其他表情更能展現人們真實的感受和動機。

人類擁有的表情各式各樣，多到數不勝數，常見的有喜、怒、哀、樂、恐懼、厭惡、驚訝、輕蔑等。每一種不同的情緒，都由不同的表情呈現。

比如，開心的時候嘴角上揚、面頰向上、眼睛微瞇；恐懼的時候眼睛睜大、鼻孔擴張、嘴巴張開、眉毛上揚；輕蔑的時候嘴角一側抬起，作譏笑或得意的笑狀；憤怒的時候眉頭緊鎖、眉毛下揚、眼部和唇部呈現收緊的狀態。

正常的表情，相信你可以很容易分辨出來，那麼微表情，其實就是要看對方的正常表情是否「正常」。

比如，如果他呈現出一種開心的狀態，並且這種開心的狀態一直持續，那麼基本可以斷定，這個人是真的開心。但是，如果他在開心的表情下，流露出一閃而過的、呈輕蔑狀的微表情，那麼你可以由此判斷，雖然他表面上開心，其實心裡對此事是有些蔑視的；如果他在開心的表情下，流露出一閃而過的呈傷心狀的微表情，那麼你可以由此判斷，雖然他表面上很開心，其實心裡並沒有這麼輕鬆，他或許有心事，或許在想著令他難過的事情。

其實，很多時候我們並不懂如何去解讀微表情，但是日常生活中，對於那些比較明顯或者比較常見的微表情，大多數人還是能夠察覺到的。就像我們常形容一個人皮笑肉不笑，其實就是一種對於對方隱藏情緒的解讀，代表對方並非真的開心。

但是，如果你想真正學會解讀微表情，單純依靠這種本能的覺察力是不夠的，還要多去學習和實踐。

一次，某銀行遭到搶劫，損失嚴重。FBI 的探員們在經過調查後，找出四名犯罪嫌疑人。

在審問的過程中，四人全部矢口否認，但是其中一人在面對探員們的質問時，眼球轉動較快，並且下意識地用手摩擦自己的脖子。探員們認為他心裡有鬼，所以繼續深入追查，透過施壓和反覆提問的方式繼續審問，最後，在巨大的壓力下，這個人情緒崩潰，承認了自己就是那個搶劫銀行的罪犯，並交代了全部罪行。

為什麼僅根據對方的一些細微的表情動作，探員們就能準確分辨出誰在說謊呢？其實就是微表情暴露了嫌疑人內心的真實想法。

所以，如果你學會觀察別人的微表情，那麼別人再想在你面前耍花招，那就難上加難了。

那麼，有哪些典型的微表情是值得你去注意的呢？下面我們就來舉幾個典型的例子。

咬嘴唇：這個動作，其實是釋放壓力的一種方式。心理學家認為，咬嘴唇的動作源於嬰兒時期的吮吸動作，能夠帶給人安全感，也能夠幫助人平復心情。當一個人無意識地咬嘴唇的時候，他的內心往往是緊張、焦慮或者怨恨不滿的。

假如你在為下屬安排工作，下屬表面上連連點頭，但是卻出現了咬嘴唇的微表情，那麼很可能這個工作對他來說是有難度的，他心裡沒把握，卻不敢告訴你。

摸脖子：人在感到不安、煩躁、驚恐、擔心、緊張的時候，就會捂住或者摸自己的頸部。有很大一種可能，代表這個人在說謊。男性的動作一般比較大，會抓脖子，甚至使勁地揉；相比之下，女性的動作比較溫柔，常常是用手蓋住前胸。

比如，當你告訴對方一件事情，他表面上裝作很淡定的樣子，卻不自覺地將手放在了前胸，這多半證明對於這件事情他感到吃驚或難以接受。

眼球快速轉動：一個人眼球突然快速轉動一般有兩種情況：第一種，是在非常悲傷的情況下，這一種很好分辨；第二種，是在大腦飛速運轉的時候。

所以，如果眼睛突然快速轉動，證明他在積極地思考對策或者在策劃什麼事情，這個時候，你可以根據具體的情形和談話內容來猜測他的想法。

還有許多其他類型的微表情，比如臉部兩側表情的不對稱，很可能代表著他在偽裝；生氣的時候吼叫與摔東西並不是同時發生的，而是一前一後，那很有可能對方並不是真的在生氣，而是偽裝出生氣的樣子……

人的微表情各式各樣，很難一概而論，更難一一列舉。所以，如果你想提升自己微表情的解讀能力，還是要透過細心地觀察和總結，根據具體的情形和不同性格的人做出有針對性的分析。

看懂臉部表情，識破他內心活動

如果我問你是怎麼知道別人的情緒變化的，相信你會毫不猶豫地說，是透過對方臉部表情的變化。的確，臉部表情可以說是人的內心情緒、情感最直接的反應，除了語言以外，它就是我們交流的重要途徑之一了。

你每天都會做很多種表情，那你知道人的臉部表情有哪些嗎？

世界著名表情研究學家保羅．艾克曼博士（Paul Ekman），將人類的臉部表情分為八大類：感興趣——興奮；高興——喜歡；驚奇——驚訝；傷心——痛苦；害怕——恐懼；害羞——羞辱；輕蔑——厭惡；生氣——憤怒。這些不同的表情透過臉部的變化反映出來，成為人們分辨情緒變化的依據。

我們每個人每一天都在做各式各樣的表情，也都在觀察著別人臉上的各種表情，這是一種人與人之間自然而然的交流方式。

當對方雙眉舒展、面帶笑容的時候，我們就能知道他很開心；當對方雙眉緊鎖、愁雲滿面的時候，我們就能察覺出他情緒的低落；當對方咬緊牙關、臉部肌肉緊張的時候，我們就會下意識地遠離他，因為知道他即將發怒……

除了這些變化外，臉色的變化也能直接反映一個人的情緒狀態，比如，當臉色泛紅暈的時候，人多半是害羞或者激動的；當臉色蒼白的時候，除去身體疾病的因素，那麼這個人一定是受到了很大的打擊或者驚嚇……

這些情緒都沒有透過語言告訴我們，我們便能自然而然地感知到，這就是臉部表情的強大作用了。

而我們之所以能夠感知臉部表情的變化，是因為其中有跡可循。也就是說，臉部表情與內心狀態往往存在著某種關聯，而非胡亂呈現的。就像嘴角上揚往往代表著積極樂觀的情緒，而眉頭緊鎖，往往折射出負面的情緒。

所以，臉部表情就是人情緒的晴雨表，是我們觀察和分析別人的最好途徑。如果能夠充分了解各種臉部感官與肌肉的不同狀態所反映的不同心理狀態，那麼我們便能更準確地感知到別人真實的內心想法。

李姝所在的部門要進行一次招標活動，經過篩選，有兩家公司進入了最終環節。李姝身為專案負責人，分別與這兩家公司的負責人見面談判。

其中一家的負責人是一個十分有個人魅力的人，言談舉止十分瀟灑隨意，並且誇誇其談，給人一種很有能力的感覺，但是，李姝注意到一個細節，當她問到專案一旦失敗的責任承擔問題的時候，對方的臉部表情明顯變得有些緊張起來，隨著她的追問，對方的鼻頭開始出汗，並且顧左右而言他，不正面回答問題，眼神也開始有些不自信了。

根據這個人表情的細微變化，李姝認為這家公司的能力一定是有所欠缺的，所以果斷地選擇了另外一家公司。而後來的事實證明，她的選擇是正確的。

簡單的一次會面，李姝是如何知道對方公司的能力不足的呢？其實就是透過對方表情的變化。所以，千萬不要忽視別人臉部表情的細微變化，這些都可能成為你了解一個人的主要依據。

臉部表情，說白了，就是一個人五官的變化，那麼應當如何從對方的五官變化中尋找蛛絲馬跡呢？如果你毫無頭緒，可以從以下幾個方面出發。

你看一個人臉的時候，最先注意到的是對方的哪個部位？相信大多數人都會回答是眼睛。沒錯，眉毛與眼睛也是我們最常注意的，所以對於眉眼的變化，大多數人都能夠及時察覺，但是，鼻子和嘴部的細微變化，卻常常被人所忽略。

殊不知，鼻子與嘴的背後，也隱藏著很大的學問。

在五官之中，鼻子可以說是最呆板，變化最少的一個，它無法像眉毛一樣上下運動，無法像眼睛、嘴巴一樣睜閉開合，但這並不代表我們就可以對它視而不見。

相比其他變化多端的感官，對於鼻子的觀察只要牢記以下三點便足夠了：

首先是鼻子高低的變化。通常，鼻子抬起，意味著頭部的上揚，是一種高度自信，甚至是一種不屑的姿態，它往往暗含著瞧不起對方，或者對某個人某件事情不屑一顧的心理狀態。老百姓形容那些趾高氣揚、不可一世的人，常常用「拿著鼻孔看人」來形容，就是這個道理。

反之，鼻子壓低意味著頭部的下壓，是一種承受壓力的狀態。因此，如果一個人呈現出這種表情，多數情況下他的心裡是沮喪的或者感受到壓力的，當不自信的人遇到氣場強大的人的時候，常常會不自覺地表現出這種狀態。

其次是鼻孔大小的變化。鼻子是用來呼吸的器官，是體內補充氧氣的通道，因此，透過鼻孔的擴張與收縮，在一定程度上可以探查出對方呼吸節奏的變化。當呼吸加快時，鼻孔擴張，說明他的心裡是緊張、焦慮的，這也可以作為判斷對方是否說謊的依據。

最後是鼻子上的汗水。一個出汗並不頻繁的人，在與人對話的過程中，突然鼻尖出汗，這是一個十分明顯的情緒變化，如果天氣不熱，並且對方的身體無礙的話，那麼你基本可以斷定他正處於十分強烈的緊張、焦慮的情緒之中。

如果你能抓住對方鼻子的這幾點變化，基本就可以掌握對方的心理狀態了。

接下來，我們再來分析一下人在情緒變化時，嘴部所呈現的不同狀態。

相比鼻子，嘴部可以說是變化多端的，每一個細微的變化，每一種不同的幅度，都可能代表著截然不同的情緒狀態，因此，需要你仔細地去觀察和分辨。

嘴角的上揚，一般代表著積極的、樂觀的情緒狀態，比如高興、開心、興奮等，嘴角都會不同程度地上翹；嘴角向下，則代表著消極的、悲觀的情緒狀態，比如難過、傷心、痛苦等。

嘴角偏向一側，代表著一種輕蔑；嘴唇緊閉，抿在一起，常代表著對方在忍受，在克制，他可能是遇到了難題，可能內心在掙扎，也可能是非常憤怒但是不想發作；而嘴角張開呈圓形，則代表著驚訝或者恐懼。

總之，臉部的表情變化多端，是我們探查了解對方內心真實想法的最好途徑。多觀察，多學習，相信總有一天，你也可以擁有一雙火眼金睛。

小心！別讓眼神出賣了你

我們在影視作品或者小說中經常可以看到算命的人，他們根據人眼睛的形狀、眼神的特徵往往可以準確判斷出對方的性格特點。

眼神是眼睛的靈魂，不同的眼神可以賦予眼睛不同的狀態。比如，眼睛清澈明亮的人，通常是心思單純、雜念較少的人。如果你仔細去觀察，會發現孩童的眼睛多數都是清澈明亮的；眼睛炯炯有神的人，通常是精力充沛、外向好動的；而眼神溫和的人，通常都是善良的、感性的。因此，眼神的狀態常常可以反映出一個人的性格特徵。

我們常說，眼睛是靈魂之窗。眼睛是我們用來傳遞訊息的重要器官，因此，在人與人的交流過程中，目光的交流總是處在十分重要的地位。

一個人的性格特徵、心裡想法、情緒狀態，都會或多或少地從眼神中流露出來。語言可以作假，笑容可以作假，但是眼神卻是很難掩飾的。

所以，學會透過對方的眼神的變化來觀察和分析，可以幫助你準確地了解對方的所思所想，從而在交往活動中掌握主動權。

但是，如果你單單依靠眼神去判斷一個人的性格，那結論很可能是錯誤的，因為在不同的情緒狀態下，人的眼神也是處於不斷的變化之中的。性格凶狠霸道的人在面對親人的時候，也可能會流露出慈祥的眼神；而性格溫和可親的人在憤怒的時候，眼神也會變得犀利凶狠。所以，凡事不能一概而論。

任雨萱是一個初出茅廬的職場菜鳥。一次，在朋友的介紹之下，她認識了一位自主創業的小老闆，兩人相談甚歡。

對方在與任雨萱談話的時候，眼神總是低垂的，給人一種謙遜有禮的感覺，看上去沒什麼脾氣，很好欺負的樣子。任雨萱是一個任性的女孩，見對方如此低眉順眼的，便有心調侃一番，於是言辭犀利地批評起對方的生意來，認為對方的創業專案沒有什麼商機，沒有前途，並且越說越起勁。

結果對方面不改色，隨便提出了幾個專業性問題，就把任雨萱問得啞口無言。原本想調侃對方一番，沒想到反而被對方反將一軍，自己吃了虧，任雨萱只能灰溜溜地告辭離開了。

一個人眼神常保持低垂的狀態，確實會給人一種看起來好欺負的感覺，這種人一般是謙遜有禮的人。在古代，當身分較低的人面對身分高貴的人的時候，需要低眉順目，因此，這種眼神表現了對對方的尊敬和順從。

但是，如果你像任雨萱一樣，輕易地把對方歸入好欺負的行列裡去，那就免不了要吃虧了。對方尊重你，不代表可以由你欺負；相反，在現代社會擁有這種眼神的人多數是城府較深的人，輕易去招惹可能會惹上大麻煩哦。

在與人相處的時候，你應該掌握對方眼神中的各種訊息，這會給你提供很大的幫助。

比如，如果一個人眼神沉穩，眼球轉動的幅度小，速度慢，這種人基本上屬於比較沉靜內斂的人，喜歡將事情放在心裡，一般城府較深，見多識廣。但是，如果在交談過程中對方流露出這種眼神，說明他已經想好了應對的辦法，認為事情已經在自己的掌控之中。

再比如，如果一個人的眼神看起來總是惡狠狠的，說明這種人的性格比較暴躁，比較衝動易怒。在與這種人交往的時候盡量採用舒緩的語言，盡量避免發生衝突，不要硬碰硬。

但是，如果一個人平時並沒有這種眼神，而是在交流過程中出現這種眼神，說明他可能此時心情不好，或者你的哪句話惹怒了他，這個時候，你說話就要謹慎了。

如果一個人的眼神總是向上看，不由自主地向上瞟，說明這種人的性格一般是比較自大的，常常不把別人放在眼裡。

如果在交談的過程中對方出現這種眼神，有兩種可能：第一，對方有些看不起你，或者對你說的話感到不屑；第二，他因說謊或者其他原因而心虛，要努力表現出一副自信無畏的樣子。

如果一個人的眼神總是渙散的，眼球轉動很快或者望向別處，說明這種人的性格一般是心浮氣躁的。但是，如果在交談過程中出現這個眼神，有兩種可能：第一，對方失去了耐心，開始走神去想別的事情了；第二，對方有心事，沒辦法專一地與你交談。

在與人交往的過程中，還有一些眼神狀態需要引起你的注意：

比如，當對方的眼神集中在你身上，並且顯得有些深邃而詭異，說明他正在觀察你。面對這種眼神，你要格外小心，因為他很有可能正在心裡盤算著什麼與你有關的事情，而這件事情多半不是善意的。

再比如，在某種場合中，當一個人斜著眼睛瞟你，你與他對視他又急忙將眼神轉向別處的時候，證明他對你有些感興趣，但是因為害羞，並不敢與你對視。這種眼神也可能是一種試探，看你是否會給他回覆，因此多出現在搭訕的青年男女中。

眼神的不同狀態還有許多，比如瞪大眼睛，表示吃驚；目光乜斜，表示鄙夷等等。只有掌握了這些眼神變化中的含義，在與人交往的時候，我們才能夠搶占先機，隨機應變。

眼神的變化有時候是非常短暫的，很多眼神常常是一閃而過。因此，想要透過觀察眼神來得知對方的心理活動，就必須要具備敏銳的觀察能力和準確的分析判斷能力。這需要依靠長久的練習。但是，一旦你學會了這項技能，你將成為社交活動中的高手。

而學會了這項技能還有另外一個好處：在交流過程中，明白每一個眼神的意義，便可以學會管理自己的眼神，適當隱藏自己的內心想法，不讓對方一眼看透你的心裡所想，這樣一來，你便可以在與他人的交往中更加游刃有餘。

識破笑容背後隱藏的「殺機」

人們常說，愛笑的人運氣都不會太差。笑是人與人之間最好的交流方式，它可以使人愉悅，展現友好，縮短人與人之間的距離。臉上常掛著微笑的人，會讓人覺得善意、溫暖。所以喜歡笑的人，多數情況下人緣都很好，而且性格也多是樂觀開朗的。

但是，如果你因為這樣就單純地將所有朝你微笑的人，都當作善意和友好的人，那你就危險了。

如同這個世界上有好人也有壞人，笑容也是分真假好壞的，不然怎麼有「笑裡藏刀」、「強顏歡笑」等成語的出現呢？如果你盲目地將別人的笑容都當作對你的肯定和善意，那麼很多時候，就免不了要吃虧上當了。

笑是人們用來表達內心喜悅與對別人喜愛的一種方式，但是，並非所有的笑都是出於高興、友善和喜愛。有些笑容並非發自內心，可能只是出於禮貌、出於不得已，出於應付，更有甚者，是出於某種不好的目的。

所以，你要學會如何去分辨真笑、假笑，去分辨不同笑容背後隱藏的語言，去分辨那些目的不純的笑容背後隱藏的「殺機」。

在心理學上，笑容由淺至深，可以分為含笑、微笑、淺笑、大笑、狂笑。而每一種笑容背後，都有著不同的含義。

你與陌生人對視的時候，有沒有點頭微笑的習慣呢？這種示好的微笑，叫做含笑。它是程度最淺一種的笑，不出聲，不露齒，僅是面含笑意。

這種笑容代表一種禮儀，當一個人為了展示自己的友好與禮貌的時候，常常會使用這種笑容。因此，含笑在多數情況下並非出於開心，而是禮節性地表示自己對對方的友好和善意。

徐婷是一個剛畢業的大學生，在一次聚會上，認識了一位與她在同一座城市且年齡相仿的男士。在聚會上，因為對他有好感，徐婷忍不住多看了他幾眼，而每次她看他的時候，她都發現他會朝著自己非常和善地微笑。

他一定對我也有好感吧？不然怎麼會一直對我笑呢？徐婷心裡這樣想著，很開心，於是在聚會結束之後，透過熟人要到了對方的聯繫方式，主動與對方聯繫。然而，當她頻繁地與對方聯繫的時候，卻發現對方對自己非常冷淡，根本沒有進一步發展的意思。

徐婷之所以會錯意，是因為她在社交場合中，將對方的禮貌式的笑容當作了對自己的欣賞。要記住，禮貌性的微笑並不能夠代表有好感，這只是一種禮儀微笑而已。

比含笑程度深一些的，是微笑。這是適用範圍最廣的一種笑，嘴角向上，唇部略呈弧形，並不露齒。

微笑所代表的含義比含笑更多，也更豐富。在與人交流時，微笑代表一種禮貌和認可，這種禮貌可能是出於內心的欣賞，也可能是出於禮節性的回應。而當生活中一個人面帶微笑的時候，則表示他的心情很好，對現狀比較滿意。

比微笑更進一步的是大笑，大幅度張開嘴的笑容，露牙齒，有笑聲。這種笑容一般在人非常高興或者聚會場合非常盡興時較常見，人在有非常開心的事情，或者聽到很有趣的事情時會露出這樣的笑容。

程度更深的，是狂笑。狂笑在大笑的臉部動作基礎上，伴有肢體語言，比如捧腹、拍桌子或者前俯後仰，通常在人抑制不住內心的喜悅的情況下才會出現。

這些笑容根據分類不同，也代表了發笑人不同程度的心理喜悅感，因此，透過對方的笑容程度，你就可以辨別出他的喜悅程度了。

除此之外，還有許多代表不同含義的笑容，比如苦笑、冷笑等。這些雖然也可以歸入笑容的種類之中，但是它們代表的含義卻更加複雜，並不單純反映一個人喜悅的心情。所以，笑容背後所隱藏的語言是複雜而難辨的，要想真正讀懂對方的心理，就必須學會分辨不同笑容之中的含義。

那麼當一個人對你露出笑容的時候，如何去分辨這笑容是否發自內心呢？

只要掌握了真假笑容背後的區別，便能輕易地予以分辨 —— 由內而發的真心的笑容，臉上被調動的肌肉很多，嘴角上揚，嘴部肌肉收縮，帶動面頰肌肉上提，眼睛微瞇，眼周肌肉收縮，眉毛有向下的趨勢，眼角會出現細細的皺紋，即人們常說的「魚尾紋」。

而偽裝出來的笑容，則通常只有嘴部的肌肉動作，眼睛周圍的動作卻很少，會給人一種皮笑肉不笑之感。

雖然有少部分經過訓練或者擅長表演的人能夠偽裝出難辨真假的笑容，但是對大多數人來說，想將並非由心而發的笑容偽裝得與真正的笑容一樣，那是非常困難的一件事情，畢竟笑容是一種下意識的臉部動作，通常是不受大腦控制的。

如果你仔細觀察過自己和身邊人拍過的照片便可以發現，那些在笑容自然流露的時候抓拍的照片，看起來要比那些一本正經坐在相機前表演出來的笑容要更有感染力，讓人看起來更舒服、更真實。

所以，當你需要辨別對方笑容真假的時候，只需按照上面的方法觀察對方的臉部肌肉運動，判斷的結果就八九不離十了。

但是，如果你想更進一步去了解更多關於笑容背後的祕密，那麼學會觀察周圍人的笑容，觀察不同性格的人在不同場合、在面對不同的人的笑容特點的時候，從中總結出一些可供自己參考的經驗，在實踐中鍛鍊和提升自己，這也是一個行之有效的好方法。

眉毛動，則心境變

你或許仔細觀察過一個人的眼睛，觀察過一個人的嘴巴，但是，你仔細觀察過別人的眉毛嗎？

作為臉上用處最小、動作最少的一個器官，眉毛常常被人忽略。殊不知，在這個看似沒什麼作用的眉毛之下，卻隱藏著一個人個性與情緒變化的大祕密。

在面相學中，眉形的特徵被作為非常重要的一個參考對象，這是有一定的科學依據的。說起柳葉彎眉，你想到的一定是溫柔如水的女子，而說起劍眉入鬢，你想到的一定是英俊陽剛的男子。因此，眉毛的特徵往往能反映出一個人的性格特點。

比如，看過《三國演義》的人，對於關公的臥蠶眉一定都有印象。臥蠶眉是一種眉毛粗重、眉尾向上揚起，眉身呈現兩段微彎的眉型，擁有這種眉形的人多數是粗獷、英武的男子，性格多剛毅。

雖然從眉形可以看出人的性格，但是我們這裡所指的是天生的自然眉形。現在很多女孩為了讓自己的形象看起來更好，通常都會多多少少修飾一下自己的眉形。經過後天修飾過的眉形，可以參考的價值其實小了很多。不過，透過眉毛的動作，還是能夠觀察出很多有用的訊息的。

你可以想想那些與眉毛有關的成語，它們都代表著什麼意思呢？「眉飛色舞」，形容一個人非常得意興奮的樣子；「眉開眼笑」，形容一個人高興愉快的樣子；「低眉順目」，形容一個人恭敬順從的樣子；「愁眉不展」，形容一個人神色愁苦的樣子；「劍眉倒豎」，形容一個人怒不可遏的樣子；「橫眉冷目」，形容一個人輕蔑漠視的樣子……

所以，眉毛雖然不如眼睛靈動，不如嘴唇會言語，卻也是構成臉部神情的一個重要部分，能夠表達人的各式各樣的情緒狀態。不但如此，它還是最誠實的一個，最容易暴露出一個人內心的真實想法。

小胡是某事業部門的員工，一次部門開總結會，小胡在匯報自己負責的工作時，當說到其中某個問題的時候，餘光瞥見主管的眉頭皺了起來，他繼續匯報了一會兒，發現主管的眉毛不僅皺起，而且向下沉，他感覺這不是一個好現象，於是及時思考解決方案，並將原本在匯報的問題停了下來，開始講述自己的解決方案。

等聽完他的解決方案後，主管的神情有所緩和，小胡這才放下心來，適時地結束了自己的匯報。

會議的最後，主管在總結工作進展的時候，果然如小胡所料，對他一開始所匯報的那個問題感到不滿，但是對他後來的解決方案卻給出了肯定。

小胡憑藉自己觀察的本領和應變能力，成功躲過了一次主管的責罵。

小胡之所以會透過主管眉毛的變化感覺出對方不滿意，正因為眉毛的一些特徵反映出對方情緒的變化。

最常見的眉毛動作，肯定是皺眉，這一動作出現頻繁，通常反映出的是人的一種困惑、消極、沉重的心理狀態。

比如，當一個人因某事感到困擾和迷惑的時候，會不自覺地出現皺眉的動作；當一個人對某人或某事感到生氣或厭惡的時候，也可能情不自禁地皺起眉頭；當一個人受到外界的威脅，感受到壓力和恐懼的時候，也會出現皺眉的情況……

眉毛的降低，也是一種消極情緒的展現。當眉毛半低的時候，表示對方心裡處於不理解、不接受的狀態，因此，可以說這個動作是一種無聲的質問，甚至是抗拒。

而當眉毛完全放下的時候，則是一種憤怒的表示，一個人通常只有在非常憤怒的時候才會出現這一動作。因此，如果在交流過程中對方出現了將眉毛完全放下的情況，你一定要小心了，不要成為點燃對方「火藥桶」的那根導火線。

我們常用「柳眉倒豎」、「劍眉倒立」等來形容人非常生氣，這是因為眉毛倒豎也是明顯的憤怒狀態的外在表現。

而眉毛的上揚，則通常有幾種可能：當兩個眉毛同時上揚，伴有雙目睜大的時候，代表一種驚訝的狀態；有時候，揚眉的動作代表著志得意滿，人在得意、壓力得到緩解的時候會出現這一動作，代表一種放鬆和愉悅的狀態，正如「揚眉吐氣」所形容的心態；另外，這個動作在傲慢自大的人身上會經常出現，代表一種自信和對別人的不屑。

你可能還看到過聳眉和閃眉的情況。這兩個動作都是指眉毛先揚起，後下降。不同的是，聳眉所代表的是眉毛揚起後停留片刻再下降，而閃眉則是上揚後不作停留，在上揚的瞬間便下降。

聳眉的動作通常伴隨著嘴角的下撇和聳肩，這是一種無聲的抗議，表示無可奈何或者無能為力。如果在與人交流的過程中對方出現了這個動作，證明你的觀點不被對方認同，而對方又希望你接受他的觀點。

而閃眉與聳眉相反，是一種親密友善的舉動，通常出現在關係十分親密的人之間，它代表著對人的友好和對事物的新奇，是一種正面情緒的反應。

眉毛動則心境變，眉宇之間透露出的訊息無形之間便流露出了一個人內心的情緒變化。透過觀察一個人的眉毛，利用好對方眉毛的動作變化，可以幫助你更加準確地把握住他人心裡的狀態。因此，真正懂得觀察的人，從來不會忽視眉毛的重要作用。

注意！對方的肢體語言比語言更有價值

為什麼當一個人吞口水、摸下巴、摸鼻子的時候，心理學家就能認定對方是在說謊呢？為什麼心理學家可以透過一個人無意識地聳肩、雙手交叉在胸前等動作看出對方的心理變化呢？答案很簡單，因為他們捕捉到了對方透過肢體動作傳遞出來的訊息。

我們常常使用身體運動或動作來代替或輔助聲音、口頭言語或其他交流方式進行交流，它能夠代替語言達到表情達意的溝通目的。

有研究顯示，一個人要向外界傳達一個完整的訊息，語言成分通常只占 7/100，聲調占 38/100，另外的 55/100 的訊息都需要肢體動作來傳達。由此可見，肢體動作在表達一個人內心想法的時候，往往比語言更有用。

試想一下，你在說話的時候，你的身體都會做出哪些配合動作。比如，當你生氣的時候，你可能會叉腰，會拍桌子；當你恐懼的時候，你可能會下意識地向後退，可能會雙手抱肩。而這些動作大部分都不是你主動支配的，而是身體自然而然的表達，不受大腦控制。

我們說話的時候，可以在頭腦中組織好語言，修飾好詞彙後再開口，但是肢體動作要遠比我們說出的話複雜很多，頭、手、腿、腳、肩、臀……大腦不可能同時控制這麼多部位的動作。因此，大多數的人能夠控制自己口中說出的話，卻難以控制住自己的肢體動作。這也是為什麼很多人會被自己的肢體動作出賣的原因。

你有沒有經歷過這些情況：當需要在公開場合表現自己的時候，嘴裡說著不緊張，其實雙手卻緊緊地攥著拳頭；當面對恐懼的時候，嘴裡說著不害怕，身體卻下意識地向後退；當不能接受對方的觀點的時候，嘴裡說著「沒關係，聽你的」，肩膀卻不由自主地聳了一下，發出無聲的抗議……

所以，如果你想要了解對方的真實想法，那就不能光聽他的嘴裡說什麼，還要看他的肢體動作在表達什麼，因為一個人的身體要遠比嘴巴誠實。

陳某是某知名大學的研究生，畢業後前往一家外商企業應徵。面試他的人是一位資深 HR。在看了陳某的履歷後，HR 認為他的學歷、社會經歷都足以勝任這份工作，所以對他的第一印象很好。

然而，面試結束後，陳某卻意外地被淘汰了。人事部的同事有些吃驚，拿著面試結果去詢問這位 HR，HR 說出了自己的觀點。

陳某確實很有能力，在回答問題的時候思路清晰，口齒伶俐，但是，在交談的過程中，這位 HR 卻發現陳某頭部一直不自覺地後仰，眼睛向下看人。他據此判斷，陳某是一個傲慢、目中無人的人，因此團隊意識較弱，很可能會成為團隊裡的「麻煩人物」，所以沒有錄用他。

我們與一個人接觸的時候，第一眼注意到的往往是對方的頭部。頭部不同的姿態動作代表著許多不同的含義。比如每個人都知道的，點頭代表肯定，搖頭代表否定。

一個人的頭部後仰，是一種傲慢、目中無人的表現。當頭部後仰的時候，眼睛通常是向下瞥著來看人的，代表著一種蔑視和不屑。因此，這種動作常常出現在過度自信和自視甚高的人身上。

所以，在與人交往的時候，如果對方用這種動作來與你對視、說話，你便可以知道，這個人自命不凡，並不把你放在眼裡，更有甚者，這可能是一種對你的挑釁姿態。

與之相反的是，一個人頭部的低垂，則反映出內心對對方的尊重，甚至是自卑與不安。頭部低垂，是情緒低落的一種表現，做出這種動作的人，通常有三種可能情況：第一，這個人是性格自卑內向的人，從心裡覺得自己低人一等；第二，因遭遇了挫敗的事情而導致心情沉重；第三，覺得自己做錯了事情，不敢直視對方，是一種低頭認錯的態度。

還有一種情況是，當對方的頭部歪斜或倚靠在某人、某物上，則是心態放鬆的一種反應。我們通常只有在非常熟悉的人面前才會做出這一動作，它代表一種舒適和輕鬆，說明對面前的人毫無顧忌和防備。

除了頭部，在肢體動作中，手部也是最常用到的。手部的動作最多，也最複雜，分析起來需要更多的耐心和細心。

你一定對手部的很多動作都很熟悉，比如，豎起拇指表示對他人的讚揚和肯定；擺手代表相遇時的打招呼和分別時的再見；雙手握拳是一種加油鼓勵的姿勢，而手指比「V」則是勝利的姿態等等。

除了這些常見的手部動作外，還有一些需要引起你的注意。

比如，搓手與十指交叉緊扣。這兩種手勢所代表的含義有些相似，通常都是內心焦躁不安的外在反應，多發生在等待重大事件結果的時候。

我們在看電影的時候，常常會看到這樣的場景：在醫院走廊裡等待親人手術結果的人，通常會不停地搓手或者將十指緊緊扣在一起呈祈禱的姿態，這表現出內心的一種極度不安和壓抑。

再比如，將手放進口袋裡。這個動作可以分為兩種情況：其一，將一隻手插進口袋。這一動作多出現在個性張揚、不受拘束的人身上。其二，將兩隻手都插入口袋的人，則通常是謹慎自持的人，做事情畏首畏尾，害怕承受打擊，因此選擇逃避。

那麼四肢的動作又包含著哪些含義呢？

雙臂交叉是一種防範的動作，代表著一種心理的排斥與戒備；雙手叉腰是一種進攻前的準備動作，代表著一種敵意；下意識裹緊衣服、收緊手臂是一種尋求安全感的動作，代表著內心的謹慎與膽怯；下意識撫摸頸部、額頭、耳朵或者身上的配飾，這是一種故作放鬆的動作，代表著心裡的緊張與不安，很多人在說謊的時候為了掩飾自己的緊張會衍生出這一系列的動作，其實卻是欲蓋彌彰。

在日常交往中，這些細小的肢體動作很容易被我們忽視，但是，如果你仔細地去觀察和分析，就會發現這些看似不起眼的動作中其實蘊含著比對方的語言更有價值的訊息，可以直接反映出對方的潛在感受，值得我們去深入觀察與分析。

第四章

識人當識心，當心傷自身

見風使舵的人性格圓滑世故

如果我問你最討厭什麼性格的人，相信很多的讀者都會毫不猶豫回答，最討厭牆頭草一般隨風倒的人。

在生活中，我們經常會遇到這種見風使舵的人，做事無定見，喜歡看形勢或看別人的眼色行事。他們從不會真誠地與你交往，而總是以自己的利益為出發點，哪邊有利益就倒向哪邊，因此在社會上並不受歡迎。

有些人對見風使舵非常推崇，認為這種性格很圓滑，能夠審時度勢，這是一種在社會上立足的本領，應該去學習和效仿。但是，事實卻往往相反。

試想一下，如果在你的公司裡，有一個人在面對兩個陣營對立局面的時候，表面上對兩頭都不得罪，但是一心想成為那個最後的得利者，見到哪個陣營獲勝的苗頭更大便加入哪個，等到另一個陣營形勢強勁了，又立即轉換陣營，認為自己這樣是聰明的做法和明智的選擇。

對於這種人，你會放心地把他納入你的陣營而完全信任他嗎？答案是肯定不會。

所以，見風使舵的人最後的結果，只能是與兩個陣營都沒有處理好關係，最後無論是哪個陣營獲得勝利，都沒有他的立足之地。

〈變色龍〉是19世紀末俄國偉大的批判現實主義作家契訶夫（Anton Pavlovich Chekhov）的一篇著名的短篇小說。小說講述了這樣一個故事：

警官奧楚蔑洛夫在廣場上巡視，撞見一群人在追趕一隻狗，那狗咬傷了首飾匠赫留金的手指。奧楚蔑洛夫聽赫留金講完了自己的遭遇，於是拿出一副身為警官應有的公正無私的態度，義正詞嚴地說：「這是誰家的狗？這件事我不能放過不管。我要給那些放出狗來闖禍的人一點顏色看看！現在也該管管不願意遵守法令的老爺們了！等到罰了款，他——這個渾蛋，才會明白把狗和別的畜生放出來有什麼下場！我要給他點厲害瞧瞧！」

說完後，他命令手下去調查這隻狗的來歷。人群中有人回答說：「這條狗像是日加洛夫將軍家的。」聽了這話，奧楚蔑洛夫的臉色一變，態度來了個一百八十度大轉彎，轉身指著赫留金道：「這隻狗這樣小，你這樣魁梧，難道牠夠得著你的手指？你那手指頭肯定是被小釘子弄破的，最後想得到一筆賠償費。你這種人啊……我可知道你們這些東西是什麼玩意！」

這時，身旁的下屬低聲說道：「警官，這狗不是將軍家的，將軍家沒有這樣的狗。」奧楚蔑洛夫聽了，又一次改變了態度，說道：「我難道不知道嗎？將軍家裡的狗都名貴，這條狗如此醜陋，一看就是下賤坯子，怎麼可能是將軍家的，你們是怎麼辦事的，讓這樣的瘋狗在街上傷人，赫留金受了苦，這件事不能放過不管，要好好教訓狗的主人！」

可是這時，身邊的人又說似乎在將軍家的院子裡見到過這條狗，奧楚蔑洛夫的態度再次改變。最終，經過確認，這隻狗是將軍哥哥家裡的，奧楚蔑洛夫於是一邊誇讚小狗的美貌，一邊派人將狗小心地送回了主人家裡，還不忘恐嚇赫留金說：「我早晚要收拾你！」

這篇小說之所以經典，就是因為生動形象地刻劃出了一個見風使舵的人物形象。小小的一個狗咬人事件，由於狗主人身分的變化，奧楚蔑洛夫所展現出來的前後完全矛盾的態度讓讀者直觀地見識到見風使舵的人的嘴臉。這樣的人，又怎麼可能讓別人感到信服和喜歡呢？

那麼，為什麼有些人喜歡見風使舵呢？其實往往是出於一種以自我為中心的價值觀的驅使，說白了，就是自私自利。

在有利可圖的時候，當牽扯到的兩方僵持不下，見風使舵的人會毫不猶豫地轉向獲利更多的那一方，如果兩方的利益前後發生變化，那麼他就會出現轉換陣營的行為，這也就是我們常說的唯利是圖。

而在風險抉擇的時候，當事情牽扯到兩方勢力，從自保的角度出發，見風使舵的人會選擇折中處理，兩不得罪。

或許有些讀者會感到不解，因為這種折中的辦法看起來是十分明智的，為什麼會遭到唾棄呢？

道理很明顯，因為當事情牽扯到的兩方有正邪對錯之分的時候，那麼這種做法顯然是不分是非善惡的，說白了，就是因自己的利益而不顧原則、立場。

即使事情本身沒有誰對誰錯之分，這樣折中的做法雖然不得罪人，但是也往往是在兩邊都不討好，沒有人會因此而感激他。

也就是說，見風使舵的背後，其實有著兩種心態。第一，自私自利。希望依附於更強大更有優勢的人或團體，沾他們的光，來達到自己利益的最大化。第二，逃避心理。在處理事情的時候，不想得罪人，不想承擔出頭之後帶來的後果，因此採用一種逃避的方式，見風使舵，首鼠兩端。

由此可見，見風使舵的人是圓滑世故的，他們多數是勢利而自私的，凡事從自己的角度出發，沒有明確的原則和立場，虛偽善變。

所以，當你身邊有這種見風使舵的人的時候，你一定要小心了，千萬不要輕易地對他付出真心，要多加防備。因為在你成功得意的時候，他很可能在你身邊對你百般討好，但是，一旦你失意落難，他可以轉眼便與你形同陌路。

此外你還要記住，不要把見風使舵當成處世的準則來仿效，不要成為那個不受歡迎的「變色龍」。聰明的人在社會上懂得圓滑有度，懂得隨機應變，懂得審時度勢，但是這些都與見風使舵的牆頭草有著本質的區別。

喜怒形於色的人性格單純

你一定見過這樣一類人，他們喜怒不形於色，無論遇到什麼事情都是一副雲淡風輕的樣子，讓人猜不透、看不穿，你在他的面前，常常會有一種「不識廬山真面目」的感覺。

其實，在社會上鍛鍊久了的人，多多少少都能夠練就一些控制情緒、偽裝自己的本事，也就是我們常說的喜怒不形於色。因為越是行年經久，城府便越深，承受打擊的能力也越強大，因此也就越能夠做到克制自己的情緒。

但是，與喜怒不形於色的人相處的時候，我們會覺得很累，因為不知道他喜歡什麼、厭惡什麼，不知道他是高興還是難過，要很費力地去猜測、去揣摩他的心裡所想。所以，相比這類人，我們通常更喜歡與那些喜怒形於色的人交往。

喜怒形於色的人，他們通常想哭就哭，想笑就笑，從不隱藏，從不偽裝，喜怒哀樂全部寫在臉上。

我們之所以喜歡跟這樣的人交往，是因為他們往往是性格單純、直來直往的人。與他們打交道，能夠很容易透過他們的情緒變化來看出他們的真實心理，因此交往起來覺得省力氣，沒有什麼壓力。

有些讀者喜歡喜怒不形於色的人，他們認為在社會上立足，喜怒不形於色是身為一個成熟的、能擔大任的人的基本素養，將喜怒哀樂全部寫在臉上的人太過情緒化，做事情很難成功，在為人處世方面也給人不成熟的感覺。

但是另一些讀者，卻有著截然相反的觀點，他們認為人生在世最重要的是保持一個真我，擁有真性情才是值得提倡與敬佩的，高興就是高興，反感就是反感，勇於表達自己內心的真實想法，不矯揉造作，不弄虛作假才是真君子。

其實，這兩種觀點沒有對錯之分，因為這兩類人，各有各的特點和優勢，也各有各的欠缺。

喜怒不形於色的人，並非沒有喜怒哀樂，即使是多年修行的得道高僧，也不見得能夠真的做到四大皆空。凡塵俗世中的人，又怎麼可能心如止水，全無情緒波動呢？

所以，喜怒不形於色的人，不是沒有情緒變化，而是習慣了將情緒藏在心中，不像別人那樣明顯地擺在臉上而已。擁有這種性格的人，通常是比較理智比較沉穩的人，遇到事情不慌亂，能夠冷靜地去分析局勢，給人一種泰然自若之感。

這種性格有很多的優勢：首先，遇事沉著冷靜，能夠幫助思維更好地運作，相比情緒化的人，更容易找到處理問題的關鍵思路，在解決問題時往往能夠雷厲風行，恰到好處；其次，在與人交往的時候，給人一種深藏不露之感，讓他人摸不清他的底牌和弱點在哪裡，因此在交談中能夠保持主動，不易被對手操控。

但是，這種性格也有不好的地方，就是由於太過理智和淡然，讓人覺得城府太深，常常敬而遠之，因此很難擁有可以交心的朋友。如果做得太過了，甚至會讓人覺得虛偽，因而對他心生反感。

而喜怒形於色的人，則通常是性格單純，讓人能夠一眼望到底的人。未經世事的孩童，心思總是最單純、雜念最少的，他們不懂世事的複雜，所以可以想哭就哭，想笑就笑，面對喜歡的人便上去又親又抱，面對不喜歡的人便轉頭不去搭理。

每一個人在年幼的時候，都是喜怒形於色的，只是後來經歷的事情多了，才學會了隱藏情緒。

喜怒形於色的人，有著自己獨有的優勢：他們不掩飾，不做作，始終保留一份真性情，因此擁有一種天然的吸引力，身邊總能夠聚集一群志同道合的人。他們對於喜歡的人大膽說喜歡，對於討厭的事情，勇於直言抨擊。

他們做事情全憑本心好惡，從不敷衍遷就。與他們做朋友，不用擔心當面一套背後一套，也不需要費力地去猜測他們的心思，因為其所有的情緒全都清楚地寫在臉上。所以，這種性格的人人緣通常都很好。

章涵是一個大二的學生。有一段時間非常流行一種桌牌遊戲，於是他便每晚和室友們聚在一起玩桌遊。

但是沒玩幾天，章涵就不願意玩了，因為他總是輸，一把也沒有贏過。就算是拚手氣也不可能一把不贏吧？他心裡疑惑不解，於是就去請教遊戲玩得最好的那個室友，想讓他告訴自己一些技巧。

結果，那個室友沒告訴他什麼技巧，只告訴他要學會隱藏自己的情緒。原來，章涵是一個急性子，又是直脾氣，每次拿到手裡的是好牌，就高興得手舞足蹈，如果拿到的是差牌，就唉聲嘆氣，如果別人出了他想要的牌，他就可惜得直拍大腿，一輪遊戲玩下來，他手中有什麼牌，缺什麼牌，大家早已心知肚明了。

從這個例子中，就可以看出喜怒形於色的人的缺點了，他們容易被情緒所控制，做事情不顧一切，不計後果，很容易招惹禍端，也很容易陷在迷局中，無法冷靜客觀地去分析和解決問題。而且，這種性格的特點一旦被別人掌握，便很容易受人控制，在交往中處於下風。

如果我問你你想成為這兩類人中的哪一類，相信大多數讀者都會選擇成為喜怒不形於色的人，但是，如果我問你你想與哪類人交朋友，相信大多數讀者都會選擇與喜怒形於色的人交朋友。

這是一個很有趣的現象，大家都希望自己是一個喜怒不形於色的人，卻都希望自己身邊的朋友是喜怒形於色的人。因為我們不希望自己太過單純被人利用，卻又不希望身邊的人城府太深。

其實，正如我們前面所說的，這兩種性格的人，各有各的優勢和不足。因此，真正明智的人，應該取人所長，補己之短，如果你是喜怒不形於色的人，那麼在與朋友交往的時候適當流露一些真心實意；如果你是喜怒形於色的人，那麼在處理事情的時候學會克制情緒，冷靜思考，這樣一來，就可以讓自己成為更優秀的人！

孤傲逞強的本質卻是自卑

《紅樓夢》中，有兩個自尊心極強的人物，一個是林黛玉，另一個是賈家的三小姐賈探春。

林黛玉位於金陵十二釵之首，是賈母的外孫女，揚州巡鹽御史之女，可謂名副其實的富家千金。在賈府居住的日子裡，她為了不失體面，處處謹慎，時時刻刻維護著自己的自尊心，心高氣傲，孤高自許，沒少給下人臉色看，因此顯得有些尖酸刻薄和小心眼。

一次，周瑞家的給府中的各位小姐送宮花，為了少走路，便按路程的遠近一路送來，恰巧最後才送到黛玉這裡，結果黛玉大發脾氣，說道：「我就知道，別人不挑剩下的也不給我！」再比如劉姥姥進大觀園的時候，書中詳細描寫了黛玉對劉姥姥的尖酸的嘲諷之詞。一位端莊的千金小姐，卻對一位生活困苦的農婦如此刻薄，讓人十分不解。

而書中的另一位小姐賈探春，也是一位孤傲的、引人敬畏的「刺玫瑰」，她心氣極高，自尊心極強，甚至是到了咄咄逼人的地步。

探春從心底裡厭惡自己的生母趙姨娘，多次對趙姨娘的行為予以諷刺。有一次，趙姨娘因為一件小事大鬧，探春責怪道：「何苦自己不尊重，大吆小喝失了體統……沒的惹人笑話，自己呆白給人作粗活。」

而當趙姨娘責怪探春不肯偏袒自己親舅舅的時候，她拒絕承認趙姨娘的兄弟是自己的舅舅，而是將王夫人的兄弟當作自己的親舅舅，說道：「誰是我舅舅？我舅舅年下才升了九省都檢點，哪裡又跑出一個舅舅來？」

這兩位帶刺的小姐，讓很多人感到不理解，其實，如果你仔細去分析她們的處境就會發現，在她們這種種逞強刻薄的自尊心之下，其實是自卑心在作祟。

黛玉雖然是富家千金，但是林家與賈家畢竟差距太大，讓進入賈府的她時時害怕自己哪裡做得不好惹人嘲笑。何況她又是寄人籬下，孤苦無依，雖然有賈母的疼愛，但在偌大的賈府之中，她畢竟是個外人，她一直覺得下人們瞧不起自己。因此當周瑞家的把她留到最後一個，送花給她的時候，她便認為這是看不起她的一種表現。

而諷刺劉姥姥，其實隱含著黛玉的一種畸形的心理 —— 劉姥姥身為有求於賈府、依賴於賈府過活的乞討者，讓黛玉對自己寄人籬下的身分產生了聯想，她從心底裡不肯接受自己與劉姥姥這種下等人一樣的境遇，因此，她的逞強諷刺，不過是為了顯示自己的高貴。

而賈探春之所以成為「刺玫瑰」，甚至是到了咄咄逼人的地步，也是因為她自卑，她的自卑，來自她生母趙姨娘身分的卑微。

而她拒絕承認趙姨娘的兄弟是自己的舅舅，而是將王夫人的兄弟當作自己的親舅舅，可見她是從心裡不願意承認自己庶出的事實的。

黛玉與探春，一個因寄人籬下而自卑，一個因庶出的身分而自卑，她們的自卑演化成一種極端的自尊心的呈現，因此給人一種孤傲逞強的印象。

如果你仔細去觀察就會發現，其實在現實生活中，也有很多這樣的人，他們表面上裝出一副不可一世的樣子，其實不過是為了隱藏自己那顆自卑的心。

在心理學上有這樣一個觀點，認為一個人在某一方面表現出很強大的維護意識，那麼這一方面的背後隱藏的便是他最大的弱點。所以，一個人越想要在哪一方面去竭力維護和表現自己，其實就說明他在這一方面越自卑。

你有自卑的時候嗎？聽到這個問題，相信大多數人都會毫不猶豫地否認，認為自己很優秀，很滿足，從來不自卑。然而心理學研究顯示，在每個人身上都或多或少會存在自卑心理。

如果你說你沒有，試想一下，上學的時候，你有沒有覺得在那些成績好的同學面前不自在？有沒有羨慕那些家庭條件優越的同學？工作以後，有沒有因錢賺得沒別人多而難過？有沒有因別人能力優秀而質疑過自己？

這些都可以算作自卑的範疇，只是，這些自卑心都只維持在特定的事情上，並沒有對你的性格產生不好的影響。

這種處於正常範圍內的自卑心理，往往可以透過自我的調整和努力而改善，並不會對人的性格造成過多的影響，有時候，這種自卑反而會成為人進步的一種動力，對自我提升來說是一件好事。

但是，一個人如果長期處於自卑的情緒之下，或者自卑的情緒超出了正常的範圍，那麼則很有可能對性格產生很嚴重的影響。當一個人渴望什麼東西，但是卻長期無法得到，或者反覆努力不斷失敗的時候，就會基於自卑心理產生一種對於這一事物的排斥、厭惡心理，從而變得異常敏感和偏激，正如林黛玉與賈探春所展現出來的性格特徵一樣。

在現實生活中，我們可以去觀察那些自尊心極強、愛逞強的人，他們其中有很多都是因為自卑心理在作祟。這些人表現出來的特徵往往是對越渴望得到的東西，就越表現出來一副滿不在乎的樣子，甚至是一種不屑。這其實是一種「吃不到葡萄說葡萄酸」的心理。

他們非常在意別人對自己的看法，總想在別人面前展現出一副完美無缺的樣子。這種性格的人往往還有一種特徵，就是非常刻苦努力，非常爭強好勝，事事都想爭第一，喜歡成功帶來的滿足感，喜歡高人一等的優越感。

所以，如果你身邊的某個人性格孤傲，卻又爭強好勝，那麼十有八九他是一個自卑的人，如果你去探究他過去的經歷或者他的家庭狀況，很有可能找出他自卑的源頭所在。

愛鑽牛角尖的人性格偏執

在我們身邊，總有一些愛鑽牛角尖的人，他們都有一個共同的毛病，就是不知變通，固執多疑，愛抬槓，不論自己的觀點是對是錯，都一條路犟到底。每次與這樣的人討論問題，我們都會憋一肚子氣，因此往往對愛鑽牛角尖的人沒什麼好感。

有過與這種人交談經驗的人都知道，在與他們探討問題的時候，總是會陷入一個「有理說不清」的惡性循環：明明他的觀點是錯的，卻一定要固執己見，堅信自己的觀點就是不容辯駁的真理，一定要據理力爭，就算你將證據攤開擺在他的面前，他理屈詞窮也要強辯說這些證據有假，總之是半步也不肯退讓，堅決不承認錯誤。

更有甚者，如果這位愛鑽牛角尖的人不是別人，而是你的長輩，那辯論到最後，他實在覺得理虧，卻又不肯認錯，便會抬出「我是你的長輩」這種讓你無可辯駁的理由來，最後逼得你不得不乖乖地認錯，才肯罷休。

這種愛鑽牛角尖的人，好像天生就愛與人作對一般，不論別人說什麼，總要找出一些理由來反駁才順心，比如你說吸菸傷身，他偏偏要舉例說他認識的誰誰誰吸菸一輩子，活到九十多歲；你說跑步對身體有好處，他偏偏要說跑步損傷膝蓋、損害呼吸道……

總之，無論你說什麼，他總要找出些反面的論證來予以反駁，似乎不把對方說得啞口無言就心裡不舒服一樣。對於這種性格的人，很多人拿他們真的是沒有辦法，到最後只能無奈地說一句：「想說愛你不容易。」

所以，無論何時何地，遇到這種愛鑽牛角尖的人，我們最明智的應對方式便是退一步海闊天空。明知道他們是那種不爭論到贏不肯罷休的人，也明知道自己的觀點對方根本沒有聽進去，那又何必一定要與他爭論一個高下呢？少說一句，謙讓一些，事情自然就過去了。

再說，他們習慣了與人抬槓，如果爭不贏心裡不痛快，我們便順著他，讓他舒坦一些，大家便能和平相處了，豈不很好。況且，比起那些口蜜腹劍、笑裡藏刀的陰險小人，他們這一點點嘴上占便宜的毛病，說來真的是無傷大雅，我們又何必斤斤計較呢！

其實，他們並非刻意與人敵對，也並非喜歡讓人下不了臺，只是因為愛鑽牛角尖的毛病，常常遇到事情死腦筋，只圖自己心裡痛快，因而忽略了別人的感受。

然而心理研究顯示，這遇事愛鑽牛角尖的人，性格上往往是偏執的。但是值得注意的是，這種偏執的性格如果控制在一定的範圍內還好，一旦偏執過度，則可能會產生許多負面的影響。

過度偏執往往會帶來過度猜疑。

比如，你和朋友約好了一起出去玩，但是你因臨時有事而不得已取消了約會。這原本是一件再正常不過的小事，但是，如果恰好被你放鴿子的朋友是一個愛鑽牛角尖的人，他可能會因此聯想出很多事情，比如:「他是不是不喜歡跟我一起出去玩？」「我是不是做了什麼事情惹他不高興了？」「他取消了我們之間的約會是不是為了跟別人一起出去？」……

一件無關痛癢的小事，在喜歡鑽牛角尖的人那裡，可以衍生出許多聯想，從而帶來巨大的心理波動。一個因臨時有事而被取消的約會，最後演變成對方用來質疑你們友誼變質的證據。

而這也是偏執妄想的一種表現，即將他人無惡意的或者無意的行為毫無根據地聯想為一種故意的甚至是敵意的行為。由此可見，愛鑽牛角尖原本只是性格上一個小小的瑕疵，但是一旦偏執過度，便有可能害人害己了。

章魚是海洋中一種十分聰明的生物，由於身體異常柔軟的先天優勢，牠們喜歡將身體塞進海螺殼、岩石縫等隱蔽的地方，然後靜待獵物靠近，發動突然襲擊。但是，章魚的這一特性雖然成為牠們有力的武器，卻也讓牠們因此葬送生命 —— 漁民們為了捕捉章魚，利用牠們喜歡鑽進狹窄地帶的天性，將許多小瓶子用繩子綁好沉入海底。章魚只要見到小瓶子，就會爭先恐後地鑽進去。不管瓶口多麼窄小，牠們總能蜷縮著身體鑽進去，而且絕不回頭，絕不後退。如此聰明的生物，因為受這一天性所累，最後被漁民們毫不費力地抓獲，淪為人們腹中的食物。

鑽牛角尖原本是一個好的習慣，很多偉大的科學家、發明家都有鑽牛角尖的習慣 —— 面對難題鑽研到底，不解決問題誓不罷休。擁有這樣的精神的人，做事情更容易獲得成功。但是，凡事有度，過度鑽牛角尖，不懂得反思，不懂得退讓，不懂得圓融，那便是偏執了。

當自己的觀點正確的時候，要發揚鑽牛角尖的精神，堅持到底；但是，如果自己的觀點是錯誤的，要允許別人的質疑，並且虛心接受，虛心改過。別忘了，海納百川，有容乃大，如果你連承認錯誤的氣度都沒有，那又何談進步呢？

一個人，懂得奮勇向前是好事，但是，也要有能夠適時後退的能力。能進能退，方能立於不敗之地，不然只能如同那些被困於瓶中的章魚一樣，落得個「成也蕭何，敗也蕭何」的下場。

高調晒幸福的人最缺愛

在我們身邊，總不乏一些喜歡分享自己幸福生活的人，從微博、朋友圈等各種網路交際平臺上頻繁更新的照片，到辦公室、朋友聚會等一些公開場合滔滔不絕的話語，那些愛晒幸福的人，好像恨不得全天下的人都知道他過得有多麼幸福。

喜歡高調晒幸福的人都有一個規律，就是喜歡將生活中那些能夠讓自己感受到幸福，或者能夠讓別人認為自己很幸福的大事小情透過各種管道昭告天下，比如與老公的親密照片、老公送的禮物、去哪個高級餐廳吃了飯、去哪裡旅遊了、買了哪些名牌的衣服鞋包……

時間長了，就會讓身邊的人感到反感，但是，他們依舊絲毫不覺，整日不厭其煩地以晒幸福為樂。在這些人的觀念中，似乎只有讓所有人都知道的幸福才叫幸福，如果不為人所知，那麼幸福感便會大打折扣。

吳女士是某公司的員工，她性格很好，工作能力也很強，但是卻因為愛在辦公室裡高調晒幸福、秀恩愛，因此引起了同事們的反感。

辦公室裡，大家日日相處在一起，關係好的同事之間偶爾聊聊八卦、聊聊家庭瑣事是常有的事，但是吳女士，卻以在辦公室晒幸福為樂，整日不是拿著老公新買的名牌包包晃一圈，就是說老公賺了多少錢、家裡買了什麼什麼奢侈品、自己又去哪裡做了美容或者老公有多愛她。有時候光說還不行，遇到各種紀念日，還要老公高調地把鮮花、禮物多此一舉地送到公司裡去，再從公司拿回家。

不僅如此，她還喜歡一邊晒自己的幸福，一邊對那些沒有自己幸福的同事冷嘲熱諷。沒事就喜歡對別人上課：「妳老公賺錢太少，這樣可不行，以後有了孩子開銷大著呢，妳看我老公，自己做老闆年薪百萬，比為別人打工強多了！」「妳老公怎麼連結婚紀念日這麼大的日子都不記得？忙不是藉口，他那是沒把妳放在心上。妳看我老公工作那麼忙，但是大大小小的節日、紀念日，從來沒少過我的禮物！」……

對於吳女士來說，高調晒幸福就如同每天的必修課一般，已經成為生活中不可或缺的一部分。

網友們針對這些人總結出了一句話：「秀恩愛，死得快。」由此可見大家對於這類人的反感之心。

高調晒幸福的人就一定幸福，而很少提及個人私生活的人就一定生活得不幸福嗎？當然不是，不僅不是，而且有時候恰恰是相反的。

著名作家亦舒在《圓舞》中就曾說過一句話：「真正有氣質的淑女，從不炫耀她所擁有的一切，她不告訴人她讀過什麼書，去過什麼地方，有多少件衣服，買過什麼珠寶，因為她沒有自卑感。」

有節制地將自己的個人生活講述給身邊值得信任的同事、朋友聽，這叫分享，而無節制、無休止地晒幸福，那就只能稱為一種炫耀了。而炫耀的本質，無非就是希望別人羨慕自己、高看自己。那麼，在這種炫耀的行為背後到底是什麼心理因素在作祟呢？

心理學家認為，高調晒幸福的人，都是過於在乎別人對自己的評價的人，這類人性格的養成，往往源自虛榮、自卑與缺乏安全感。

第一，高調晒幸福的行為，可能來源於虛榮。我們都希望自己過得好，希望得到別人的認可，但是，凡事都有限度。如果虛榮心太強，就會過於在乎別人對自己的評價，為了讓自己的虛榮心得到滿足，就會想方設法地晒幸福，以此來證明自己過得好，證明自己比別人強，讓別人羨慕自己，才能夠得到心理的滿足。

所以，對這些人來說，過得好不好不重要，讓別人認為自己過得好才是最重要的，這便成了他們高調炫耀幸福的動力來源。

第二，高調晒幸福的行為，可能來源於自卑。在心理學上有一個定律：一個人越是炫耀什麼，說明他越缺少什麼，越在乎什麼，而這樣東西往往是他的弱點所在。

就像日常生活中，我們在做事情的時候，從來不會特別地去關注自己身上的某個部位，但是，一旦這個部位有傷痛，便會時不時地發出刺痛，引起我們對這個部位的特別注意。

所以我們常常會看到這樣一個現象：真正有錢的大富豪，在工作之外的場合穿著打扮常常是隨意而低調的，但是許多並非富豪的人，卻無論何時都要穿金戴銀，唯恐別人不知道他有錢。

所以，當一個人性格中存在著自卑因子的時候，會比別人更加渴望一種優越感，希望從別人的認可中尋求滿足感來對抗自己的自卑心理。

你會發現，一個人如果從小因貧窮而自卑，長大後會習慣於炫耀自己的富有；一個人如果從小因家庭不和諧而自卑，長大後會習慣於炫耀自己愛情的美滿；一個人如果因沒有文化而自卑，則常常習慣於在人前強出風頭、不懂裝懂。

他們喜歡透過炫耀來補償自己自卑的心理，從優越感中獲得滿足，這便是自卑的人高調晒幸福的行為根源。

第三，高調晒幸福的行為，可能來源於不幸。當一個人缺乏安全感的時候，希望透過一定的途徑來挽回和留住自己的幸福。

如果在一段婚姻之中，一個人缺乏安全感，覺得對方並不是那麼愛自己，這個時候，缺乏安全感的一方便會想盡辦法去掩飾不幸福的真相，而高調晒幸福就成為一種掩飾的方式。

其實，他們的這種掩飾不僅是為了給別人看的，有時候，也是為了給自己一種安慰和假象，依靠外部的力量來強化自己的幸福感，從而幫助自己逃避真相。

而且，在晒幸福的時候，他們還有一種心理，就是希望透過昭告天下的方式來約束對方，從而讓對方不那麼容易離開自己。所以有時候，高調晒幸福，其實恰恰是因為內心的不幸福。

秀恩愛之所以死得快，其實與秀不秀恩愛本身沒有太大的關係，而是因為愛秀恩愛的人本身的虛榮或者缺乏安全感的性格，這常常會導致生活的不和諧，因此幸福總是不能長久。

性格內斂的人，要謹慎對待

在你身邊，有些人可能個性張揚、開朗，情緒外露，給予人熱情、陽光、活力之感，但是有些人卻個性沉穩、內斂，情緒收縮，給予人柔和、深沉、平靜之感。

這兩類人，一類外向，一類內向，性格不同，你在與他們相處的時候，也要學會區別對待。

或許你會抱怨，覺得跟內向的人交往起來太過辛苦，他們有什麼話都憋在心裡，等著你去猜，總不能痛痛快快地說出來。

的確，相比外向的人，性格內斂的人似乎更加偏重於自我的精神世界，他們的內心彷彿有一股非常強大的力量，能夠包容和消化一切，很少有大喜大悲的情緒波動，很少有歡呼或咆哮的過激行為，如無風無浪的海面一般平靜，所有的暗潮都隱忍不發，讓人覺得神祕莫測。

靜雯與男朋友在一起兩年了，她的男朋友是一個比較內向的人，有什麼話都喜歡憋在心裡，但是他很體貼，很照顧她，所以靜雯一直覺得很幸福，很開心。

然而，就在靜雯覺得兩個人的關係已經到了談婚論嫁的時候，男朋友卻突然冷不防地提出了分手。

「為什麼啊？我們不是一直很幸福的嗎？」靜雯不能接受這個事實，不停地追問原因。

「我們兩個性格不合適。」

「都兩年了，性格不合適能在一起兩年嗎？你之前為什麼不說？」靜雯無法接受這個理由。

「這兩年我一直在忍耐妳，現在忍不了了，妳每次都在我工作忙的時候不停地打電話給我，我加班很累了，大半夜的還得送宵夜給妳，我一直很照顧妳，但是妳一點也不體諒我，我覺得我們不合適。」

靜雯愣在原地，她沒有想到對方對自己竟然有這麼多的不滿：「這些話你為什麼不早說呢？你早說了，我可以改啊，你不說我怎麼知道呢！」

男友接她回家，買飯給她吃，照顧她，為她做很多事情，從來都沒有過怨言，所以她一直以為他是心甘情願的，卻沒想到他都一一記在了心裡，最後直接提出了分手，都不給予這段感情挽回的餘地。

「你有什麼不滿能不能說出來啊？你不說我怎麼知道呢？」在跟性格內斂的人相處的時候，我們總是恨不得跟他打一架，逼著他把心裡的話說出來才好，不然早晚被他憋出內傷。

可是不管你怎麼逼問，這類人卻像海綿一樣，把什麼都吸進他們不善於或者不願意表達自己的情感中，喜怒哀樂都放在心裡，自己默默消化，因此，你不知道他什麼時候高興，什麼時候難過，也不知道自己什麼時候得罪了他。

如果你所認識的性格內斂的人，是真正心胸開闊而圓融的人，那你應該感到慶幸，因為他不說出來，是真的不在乎。他們對於生活中的許多事情比別人看得更開，更容易達到超脫的境界，因此許多事情能夠更加平靜地去面對。

就如同許多飽經滄桑的老人，相比初出茅廬的年輕人，他們的情緒起伏往往很小 —— 經歷過大起大落，所以得意的時候不像年輕人一樣歡呼雀躍。因為知道世事無常，所以得意之時不會忘形；因為知道人生中有太多事情無能為力，與其一蹶不振，不如坦然接受。

所以，許多性格內斂之人，其實是因為心胸比常人開闊。

但是，如果你認識的性格內斂的人，是屬於不善於表達情緒和情感的人，而並非真正的心胸開闊之人，那你可就要謹慎對待了。因為這種性格內斂的人相比前一種，要遜色一大截。

這類人的平靜，不是因為看開了，而是因為不善表達，該生的氣還在生，該痛苦的事情還在痛苦，只是全部憋在心裡，自己受罪而已。

他們在人前受了氣，當著對方的面不會發作，而是回到家裡躲在角落自己偷偷哭泣，一邊怨恨對方，一邊痛恨自己沒用。遇到高興的事情，也不善於與別人分享，一個人坐在角落裡偷偷地傻笑。

所以，你可千萬不要招惹這類人，你今天招惹了他，他可能過了十年八年還記在心裡，說不定什麼時候就爆發了，然後打你個突如其來，措手不及。到最後，都鬧得不可開交了，你可能還搞不清楚自己到底哪裡得罪了他。

生活中，我們最怕遇到性格內斂之人，因為很多人不知道該如何去與他們打交道。這種人就像一塊海綿一樣柔韌而變化多端，軟硬不吃，讓人無從發力，無從下手。

那麼，面對這種沉穩內斂、深不見底之人，我們應該如何自處呢？

你要記住一個前提，就是一定要謹慎地對待這一類人。千萬不要想打感情牌，或者想透過情緒的調動來控制對方，因為這無疑是下下之策。

對待情緒化的容易衝動的人，你若希望他做什麼事情，只要採用激將法就可以了，但是面對這種內斂之人，就算你說破嘴，他也只會回敬你一個淡淡的微笑。所以，最好的辦法，就是盡量不去得罪他，如果能夠摸準他的性情還好，如果摸不準，那不妨敬而遠之。

總之，在面對性格內斂之人的時候，一定要謹慎再謹慎，如果想與其維持良好的交往關係，那不妨多順著他一些，但是，如果你是想與他對立的話，那可要小心了，除非有十足的把握能夠取勝，不然最好不要輕易嘗試。

做事豪放的人，大多自以爲是

性格豪放之人在社會上常常很吃得開，因為他們心胸開闊、不拘小節，而且樂於助人，總能給人很靠得住的感覺，因此人緣很好。

或許正因為豪放之人的這些優勢，所以現在社會上有一些人為了讓自己成為別人眼中的靠得住的人，也喜歡裝出一副豪放的樣子來，遇到事情便大包大攬，但常常是雷聲大雨點小，最後無疾而終。

小華是一位普通的公司職員，在大城市某公司任職，能力平平，薪水普通，但他天生愛面子。一次同學聚會，為了向留在老家小城市的同學們展示自己在大城市打拚的能力，他不僅請客吃飯，還大肆吹噓自己工作多麼多麼好，賺多少多少錢。

在酒桌上，一個同學無意間說自己過年希望帶家人出國旅遊，但是自己十分為難，因為春運時期，機票早已被搶光，而家裡的老人身體不好，又不能坐長途的火車，因此對此事非常頭痛。小華一聽，當即一拍桌子，豪爽地說道：「這麼點小事，有什麼可愁的，包在我身上，我幫你解決！」

那位同學聽了很開心，但是心裡有點不安，他有些猶豫地問：「你又不在航空公司工作，這飛機票的事情你也有辦法解決？」小華一聽，豪爽地一笑，說道：「你放心，我說能解決就一定能幫你解決，你還不相信我嗎？」

同學見狀，心想他一定是有辦法或者有熟人，所以便放心地將這件事情交給了他。但是小華哪裡有辦法呢，他奔波了一圈也沒有能弄到機票，在同學的催促下，只能推託說自己認識的那個能弄到機票的熟人恰好出國了，沒能幫上忙。最後，同學一家春節的旅遊計畫沒有能夠成行。

小華之所以在別人面前喜歡說大話、喜歡包辦所有事，其實是一種自以為是的心理在作怪。說白了，就是眼高手低。

這類性格的人，通常自我意識都很強烈，他們認為只有讓別人覺得自己無所不能，才能在對方的心裡保持一個很好的地位。他們喜歡那種被別人依賴和仰仗的感覺，因此在說話做事的時候，總是要有意無意地抬高自己，並且裝出一副無所不能的樣子來。

在包辦所有事情的時候，為了讓別人相信自己的能力，他們常常會擺出一副豪放的架勢，或者做出拍桌子、大笑、揮動手臂等豪放的動作，或者說一些「絕對沒問題」、「包在我身上」、「你放一百個心」、「我做事你放心」等豪放的話語來，其實這些動作和言語，不過是為了掩飾自己內心的慌張和不自信，為了讓別人更加相信自己而已。

但是，當真正需要去解決事情的時候，他們才會記起原來這件事情憑自己的本事根本是做不成的，盲目承諾的後果只能是雷聲大雨點小，最後能拖則拖，如果對方不再提起最好，如果對方問起，只能編出各種理由來推脫。

因此，這種人在不了解的時候，常常會給人一種無所不能、非常可靠的錯覺，但是相處久了就會發現，他們其實不過是紙老虎，只會空口吹牛說大話，該辦的事情卻一件也辦不成。

到最後，他們渴望別人信任和依賴自己的目的不但沒有達成，反而落得個不可靠、愛吹牛、自吹自擂的壞名聲。

究其原因，這種人其實是自以為是的典型，表面上看起來是樂於助人的，其實往往因自己的自以為是反而幫了倒忙，好心辦了壞事。

所以，如果你身上有這種毛病，就一定要學會放下自視過高的執念，對自己有一個清晰的判斷和認知，不然，自我吹捧只能獲得別人暫時的尊重，一旦事情沒有辦成，最後反而弄巧成拙，讓自己從此失信於人。

如果你身邊有這種人，你要學會理智地去對待。他們雖然太過自以為是，讓人討厭，但是大多數都是好心，並非惡人，所以我們也不能因此就拒絕與他們來往，該做朋友的還是要做。

只是在與這種人交往的時候，我們要對他們的性格特徵有一個充分的了解，很多時候，要客觀地去評估對方的能力，不要只聽他說什麼。

如果認為這件事情是他不能夠勝任的，那麼就不要過多地依賴他，不要因對方的雷聲大雨點小而影響到自己事情的解決。

而你所在的團隊中，如果存在這樣性格的人，他過強的自我意識與眼高手低的自以為是也通常會導致他高估自己，從而盲目地去包攬自己能力範圍之外的一些工作內容。這個時候，你也要格外注意，不要讓他的自我意識破壞了整體的工作計畫，要盡量和緩地去解決，保障團隊的團結與工作的順利進行。

會說謊的情緒

據英國心理學家的一項調查顯示，男人平均每天說謊六次，女人平均每天說謊三次。且不說這一調查的結論是否準確，但是也足以說明，說謊對大多數人來說是如同家常便飯一樣的事情。

所以，在你身邊，其實每時每刻都充斥著大大小小的各種謊言。

人為什麼會選擇說謊呢？著名心理學家費爾德曼（Robert S. Feldman）認為，說謊的動機主要有三類：為了討別人歡心，讓人家感覺好一點；為了誇耀自己和裝派頭；為了自我保護。

你一定說過謊話，如果你堅持認為你沒有說過謊，那只能證明，很多時候你的謊言都是脫口而出的，你沒有意識到你在說謊而已。

如果你不相信，堅持認為自己從未說過謊話，那麼可以回想一下：

當別人穿了一件新衣服，但你並不認為特別好看，或者並不認為適合他的時候，你是真實說出了自己的想法，還是會客氣地說一句「你的新衣服很好看」？

你在路上偶遇一個許久未見的熟人，當你的心裡一點也不想跟他再見面的時候，你在告別時是會誠實地告訴他你再也不想見到他了，還是會客氣地說一句「改日有空再聚」？

所以，每個人都被欺騙，每個人也都會說謊，只是很多時候，謊言並不代表一種惡意，善意的謊言，或者出於禮貌的謊言，是為了讓我們更好地與人相處，是待人接物的一種技巧。

但是，還有很多謊言是惡意的，或者是對你不利的，所以，為了能夠更好地保護自己，你有必要學會辨識謊言的方法，讓自己不至於陷入別人的圈套裡，任人擺布。

揭穿謊言最簡單的方法，就是從對方的情緒入手。情緒是人多種感覺、思想和行為綜合產生的心理和生理狀態，相比語言，它更容易暴露一個人的真實內心世界。

張女士與丈夫結婚四年多了。一天晚上，丈夫的手機響了，他看了一眼號碼，便拿起手機走出了臥室，去外面接電話了。

或許是朋友或同事的電話，張女士沒有多想，等丈夫回來的時候，她一邊翻著雜誌一邊隨口開了句玩笑：「誰的電話呀？還得背著我。」

沒想到一向性格溫和的丈夫卻突然暴跳如雷，非常憤怒，厲聲喊道：「一個客戶，妳一天疑神疑鬼的有意思嗎？妳就這麼不相信我嗎？」

「我開個玩笑，你這麼激動幹嘛呀？」張女士覺得很委屈。

「我看妳就是找麻煩想吵架，一個電話妳也疑神疑鬼的，以後我跟誰也不聯繫了行吧！」丈夫說完，就摔門出去了。

張女士覺得丈夫的反應有些過激了，自己又沒有說什麼，只是開了句玩笑，需要這麼激動嗎？她總覺得其中有蹊蹺，第二天她偷偷查了丈夫的手機，發現那個電話是他公司裡的一個女同事打來的，兩人在公司裡曖昧不清，許多同事都已經知道了。

假裝憤怒是說謊者的一個典型的情緒表現，當一個人說謊的時候，為了掩飾自己的心虛，他們往往會過度去強調自己的無畏，力求透過這種方式來取信於對方，讓對方認為自己在說真話。

張女士的丈夫就是典型的心虛，強裝憤怒，如果問心無愧，男方會對這件事情感到不屑一顧，隨便說一句「沒有的事！」或者「怎麼可能，我這麼愛妳」，事情就過去了，但是他卻不合時宜地大發雷霆，這顯然在掩飾謊言，害怕被拆穿。

說謊者還有很多情緒上的破綻，比如害羞，也就是臉紅心跳。在我們的觀念中根深蒂固地認為，說謊話是一種不對的行為，因此，當一個人說謊的時候，內心會出現緊張、自責、害怕的複雜心理狀態，反映在臉部表情上，就會出現臉紅的狀態。

所以，當一個人在不應該害羞的場合出現臉紅的表情，那麼很可能是說謊的一種徵兆。

比如，有些孩子犯了錯誤，在父母面前企圖隱瞞，但是會不自然地出現低頭、臉紅的緊張狀態，這個時候，父母就可以從中有所察覺。

不過，害羞的情況只會出現在那些不善於說謊且不希望說謊的人身上，那些習慣了說謊，或者以說謊為樂毫無罪惡感的人，一般就不會出現害羞的情況。

說謊的人還可能出現過於敏感的情況。當一個人說謊的時候，心裡往往是緊張而恐懼的，所以處於一種高度警覺，這個時候，很多說謊者會表現出一種過度敏感的狀態，這就是人們常說的「心虛」。

比如，這個人平時與你關係很好，兩個人說話沒輕沒重的，但是今天，你無意地跟他說了一句「你胡說八道吧」，放在平時，他或許一笑而過，或許大喇喇地回罵你一句，今天他卻突然非常敏感，說了一大堆激動的話語來解釋，那說明他心裡很可能有鬼，害怕被你發現他的謊言，因此才會極力解釋。

所以，敏感程度的增加，也是說謊的一個有效特徵。

說謊的人還可能會表現出情緒的延長。正常人在交流的時候，所有情緒的變化銜接都是十分自然且有度的，但是當一個人的情緒突然出現停滯的狀態，那麼很可能意味著他在說謊。

比如，當對一件事情表示驚訝的時候，人臉上可能一瞬間出現驚訝的表情，但旋即就會散去，可是，一個人如果為了讓對方感覺自己很驚訝，往往會人為地將這種表情持續得更久，也就是表現出一種過度驚訝的狀態。在心理學上，這種情緒過度的狀態，往往被認為是一種偽裝表情。

所以，當對方表現出驚訝過度的時候，很有可能這件事情他早已知情，只是為了讓你認為他毫不知情，所以才故作驚訝的。

情緒是內心情感的外在窗口，因此任何一個細微的表情變化，都有可能成為我們辨別謊言的有力證據，只要你細心留意，謊言便可以不攻自破。

第五章

一眼看穿你，別對我說謊

說謊的眼睛

我們的眼睛是心靈的窗戶，是五官中最靈動、最富於變化的，也是最能夠展現內心世界的一個。所以，如果你想要辨識謊言，那麼最不應該忽視的，就是對方眼睛中流露出來的蛛絲馬跡。

瞳孔大小的變化，眼睛睜閉的變化、眼周肌肉的變化……這些變化都能夠幫助我們去了解對方心裡的真實想法和真實情緒。

而且，透過眼睛來判斷對方是否說謊比較可靠，因為眼睛的變化，更多的時候是一種生理的自然反應，它不會作假。你可以修飾你的言語，可以控制你的行為，但是瞳孔的收縮放大、眼球的轉動，卻無法自由控制，情緒沒到，很難裝出來，情緒到了，也很難隱藏起來。

你知道我們身體上的哪個部位對外界刺激最敏感嗎？答案是瞳孔。瞳孔是人眼睛內虹膜中心的小圓孔，是光線進入眼睛的通道。當虹膜上的平滑肌伸縮時，可以使瞳孔的口徑縮小或放大，從而控制進入瞳孔的光量，來保護眼睛在光線強時不受到刺激，在光線弱時能夠看得更加清晰。

而瞳孔的放大、收縮變化也會根據人的情緒和心理狀態來改變，比如，當一個人驚恐的時候，瞳孔放大；當遇到感興趣的人或事的時候瞳孔放大；當遇到刺激的時候，瞳孔便會縮小。

了解了這些關於瞳孔的資訊，我們就能掌握瞳孔的變化規律，當一個人說謊的時候，由於內心情緒波動起伏，會導致血壓上升、心跳加快、臉色發紅，同樣也會導致瞳孔擴大外散。

所以，在交談的過程中，如果你想確定對方是否在說謊，可以仔細去觀察他瞳孔的變化。

比如，在相親的過程中，對方表示很喜歡你，可是你不確定對方是否在說真話，就可以去觀察對方瞳孔的狀態。如果對方對你感興趣，那麼看你的時候，瞳孔會呈放大狀態，但是如果對方對你不感興趣，則瞳孔會呈現收縮狀態。

瞳孔的變化雖然最難以掩飾，但是也往往是最難以觀察、最不易分辨的，而且最容易受到外界因素的干擾和影響，從而造成判斷結果的失誤。如果你沒辦法準確察覺對方瞳孔的變化，那不妨觀察一下眼部其他的動作變化吧，它們同樣也能夠幫助你看穿一個人的謊言。

美國 FBI 曾經破過一樁殺人案件。遊樂園旁的小河中發現一具小女孩的屍體，身分確認後，探員們將女孩的母親帶到了警局做筆錄。

女孩的母親情緒非常低落，她聲稱自己帶女兒去遊樂場，結果一不小心跟女兒走散了，之後就再也沒有了女兒的消息。她在說話時的一個細節引起了探員們的注意 —— 她在敘述整件事情的過程中，眼神總是不經意地向上看。

深諳微表情的探員們敏銳地察覺到了這個細節，認為她在說謊，於是在隔了一段時間之後，他們再次要求這位母親重新複述一遍之前的話，結果她的兩次複述之間有很大的出入，探員們因此認定，她在說謊。

後來，在不斷審問之下，這位母親終於交代了自己因想要再次嫁人而殺掉女兒的整個經過。

案件的真相令人震驚，如果不是探員們敏銳地發現她眼睛的細節，誰又能想到一位母親會親手殺掉自己的孩子呢？

通常情況下，當一個人真正處於回憶的狀態時，眼神是向下向左的，而在建構幻象的時候，眼神則通常向右上方運動。除非接受過專業訓練，否則很難改變這種規律。

這也就是說，當一個人的眼神是向下向左的，證明他在回憶當時的真實過程；而如果他的眼神向右上方瞟去，並且眼神飄忽，那麼他極有可能在說謊，因為他正在腦海中構想一個虛假的畫面來敘述給你。

眼睛的對視也是說謊的一個典型表現。通常我們會有一個錯誤的觀念，認為當一個人說謊的時候，眼神是閃躲的，不敢與對方直視。

其實恰恰相反，只有膽子特別小或者心理素養特別差的人，在說謊的時候才會很明顯地流露出一種非常慌張、不敢與人直視的狀態，但是對於大多數人來說，在說謊的時候，不但不會迴避你的眼神，反而會加強眼神的直視，一方面強調自己的理直氣壯；另一方面觀察和判斷你是否相信了他的謊言，以便及時應對。

所以，當一個人突然異常專注地盯著你的雙眼，甚至因眼神過度集中而導致眼球乾澀，瞳孔膨脹的時候，那麼他很有可能是在說謊。

除此之外，眼睛的飄忽與眨動也是一個明顯的說謊特徵。當一個人處於緊張、焦慮的狀態的時候，會出現眼神飄忽、頻繁眨動的狀態。因此，一個人說謊的時候，如果心理壓力很大，就會出現這一特徵。

而當一個人眼神開始的時候飄忽，過一會兒卻變得肯定而自如的時候，通常說明他在談話的過程中想好了如何應對。也就是說，對方一開始並沒有編織好一個無懈可擊的謊言，所以心裡緊張，眼神飄忽，但是在談話的過程中想好了一個自認為完美的答案，心裡有底了，所以眼神也隨之變得堅定了。

如果坐在你對面的人出現這種情況，你可以透過提問或者反駁等方式來進攻，對他造成一種心理的壓迫，如果在壓迫之下他再次出現眼神飄忽的狀態，那就大致可以證明他在說謊了。

有些人在說謊的時候，還會有摩擦眼睛的習慣。人們的內心都清楚，眼睛是最容易暴露內心真實想法的，所以，當心虛的時候，往往會透過用手摩擦眼睛等方式來暫時逃避對方的眼神，給自己一個心理的緩衝和安慰。

眼睛的變化多端能夠展現許多訊息給你，與人交往時，將觀察的重點放到對方的眼睛上，不放過這些可疑的訊息，便可以讓謊言無處躲藏。

辨識說謊的聲音

當我們聽別人說話的時候，聽到的難道只是由字詞句組成的那句話嗎？不是的，它其實包含很多因素。

電視劇之所以比小說生動，就是因為它有畫面，有聲音。而聲音不僅包括話語本身，還包括音量、音調、語氣以及其中夾雜的情緒情感等方面。

同一句話，經過對方語調、音量大小等的變化，我們可以感知出截然不同的兩種情緒狀態。所以，聲音的變化其實往往比語言本身更具有訊息價值。正因為如此，古希臘醫生伽林（Claudius Galenus）才說：「聲音是一個人靈魂的外在反映。」

這誰不明白啊！你可能會覺得這些都是廢話，誰不知道聲音會產生變化呢！比如，當對方聲音柔弱無力、語氣悲傷的時候，我們便可以知道他很難過、很沮喪；當對方的聲音洪亮、慷慨激昂的時候，我們便可以知道他情緒高漲；當對方聲音活潑、語調輕快的時候，我們便可以知道他心情很好。

沒錯，這些就是聲音變化帶給我們的有用訊息，也就是聲音的魅力所在。

但是，你雖然可以分辨出別人聲音的高低起伏，卻不一定會透過這些聲音的變化來辨別謊言。然而心理學研究顯示，聲音的變化其實可以成為辨別謊言的一個重要依據。如今許多測謊儀的工作原理，便是利用精密儀器來探查人的聲音變化。

由此可見，聲音的變化在判斷對方是否說謊的過程中，有著不容忽視的作用。

聲音與謊言之間的關係，其實很簡單，人依靠吐氣和聲帶振動來發出聲音，不同的呼吸頻率和身體緊張程度都可以導致聲音狀態的改變，所以，當一個人說謊的時候，由於心理狀態和呼吸狀態的變化，完全可以導致聲音的變化。

FBI 在辦案的過程中，經常會用到聲音觀察的方法。一次，在亞特蘭大的機場，檢查出了一些違禁品，幾名嫌疑人被帶到 FBI 探員的面前，接受審問。

探員們首先對幾名嫌疑人進行了詢問，然而每個人都矢口否認，都說從沒有見過這些違禁品。為了能夠找出這些違禁品真正的主人，探員們採用了一個特殊的審問方法：他們交給每個人一張紙，紙上寫著他們之前矢口否認的那些口供：「我於 × 年 × 月 × 日，乘坐 × 班機飛往亞特蘭大，我承諾我並沒有攜帶任何的違禁品，機場上發現的違禁品與我沒有絲毫關係。」

探員們將他們單獨關押，並要求他們一遍一遍地念出紙上的話。第一遍，第二遍，第三遍……一開始幾個人在朗讀的時候語調語氣都差不多，但是，當讀到第五遍的時候，其中一名嫌疑人的聲音開始與其他人有明顯的區別。

因為其他人都是讀第一遍時緊張，越往後聲音越平穩，而只有這個人在讀第一遍的時候不怎麼緊張，後面一次比一次緊張，語調也更尖銳。這說明他在故意控制自己的情緒。

最後的審問結果證實了這一實驗結果的準確性，這些違禁品確實是這個嫌疑人帶來的。

說謊時聲音會突然提高。人的聲音變化都是與情緒相呼應的，比如生氣的時候、興奮的時候聲音會提高，而失落的時候、難過的時候聲音會降低。

同樣地，聲音的提高也應該與動作相協調，也就是說，在他聲音異常興奮的時候，肢體動作與表情狀態也表現出同樣的興奮，那麼就是協調的；但是，如果身體動作與表情並沒有這麼興奮，或者聲音與動作出現先後的時間差，那麼則很有可能他在偽裝。

所以，當一個人的聲音突然提高，卻與他本身的情緒與動作產生不和諧的時候，那麼其中就可能存在蹊蹺了。這種時候，由於失去動作表情的支撐，會讓他突然提高的聲音顯得有些空洞而不自然。你可以據此來判斷他是否在說謊。

有一些人在說謊的時候，會出現聲調單一、聲音發澀的現象。我們的聲音是需要依靠豐富的語言內容去支撐的，它與語言情緒的緊密配合，共同完成對外傾訴的工作。

一旦語言內容有虛假或者空洞的成分時，聲音就會顯得發澀。同時，由於語言內容的空洞、沒有主題，人在說話的時候就會很難找到一句話的情緒爆發點，因此聲調會顯得單一而薄弱，聽起來像是失去了體力的支撐一樣。

因此，當一個人的聲音出現這種發澀並且聲調單一的狀態時，很有可能代表著他在說謊。當然，如果對方的聲音特色天生如此，嗓音原本就是乾澀沙啞的，或者由於身體不適而導致聲音發生這種變化，那就另當別論了。

還有一些人，在說謊的時候聲音會變小。一個人在正常的說話狀態下，當說到某一句話或者某一件事的時候，聲音卻突然變小，這很可能是心虛的一種表現，因為說謊沒有自信，所以會將聲音下意識地調小，這是內心的一種猶豫和恐懼的外在表現。

聲音含混不清，經常吞字，這也是說謊時的一種聲音變化。正常說話的時候吐字清晰的人，如果在說到某句話或者某件事的時候突然含混不清，聲音變得混濁，那麼也很有可能代表他在說謊。

這是因為說謊的時候人的內心很焦慮，潛意識會希望對方沒有聽清楚，所以在發音吐字的時候，會表現出一種矇混過關的狀態，常常會在關鍵字上含混吞字，希望能夠一帶而過。

如果你能準確掌握這些說謊者的聲音變化，謊言將在你面前無所遁形。

說謊者的說話方式變化大

每個人都有自己獨有的說話方式，同一句話，從不同的人嘴裡表達出來，就會呈現給大家不一樣的感覺，這就是說話方式對語言的影響。

語速的快慢、詞語的搭配、語言的流暢程度、說話的習慣等，這些特徵共同組成一個人獨有的說話方式，因此可以說，這世界上沒有任何兩個人說話的方式是完全相同的。

如果我們熟知一個人平時的說話方式，那麼在他說謊的時候，我們便可以根據他說話方式的改變察覺異常。這是因為，當一個人在說謊的時候，會下意識地隱藏和修飾自己的語言，而如何去隱藏和修飾，便需要在表達和說話的方法上下工夫，所以，受心態的影響，他的說話方式會與平時有或多或少的區別。

因此，只要你仔細去觀察和辨別，就可以發現其中的蛛絲馬跡，為識破謊言提供幫助。

高中生小濤週五晚上十點多才回家。一進門，就被母親叫住盤問：「你去哪裡了？都放學四個小時了，怎麼才回來？」

「去同學家寫作業了。」小濤低著頭一邊換鞋一邊回答。

「去哪個同學家了？」母親繼續追問。

「去……劉亞洲家了。」小濤的語速比平時要慢。

母親覺得他說話的時候有些吞吞吐吐的，又不敢直視自己，於是懷疑他在說謊，逼著小濤打電話給同學，小濤不得已之下才說了實話，原來放學後跑去網咖玩了。

小濤在說謊的時候，說話方式有兩個明顯的漏洞，第一個，是缺少主語；第二個，是語速變慢。這兩種說話方式的變化，很多人在說謊的時候都會出現。我們可以據此來作為判斷謊言的依據。

我們平時說話的時候，「我」這個第一人稱的主語會頻繁地被使用，比如「我是」、「我知道」、「我很開心」等。但是當一個人在說謊的時候，他的心裡由於受到緊張，恐懼或者有罪惡感等的影響，會有一個潛意識的逃避心理，希望降低「我」在這個謊言中的參與程度，所以在說話的時候，常常會下意識地省略主語。

就像小濤的這個例子，正常的話應該是「我去同學家寫作業了」、「我去某某家了」，這樣說起來會比較連貫，可是他卻一連兩句話都省略了主語。

在說謊時省略主語的現象很普遍，比如，在被問到「你是某某某嗎？」，正常人會習慣性地回答「我是」，而說謊的人則可能只是簡短地回答「是」；當被問到「你知道……嗎？」，正常人會習慣性地回答「我知道啊」，而說謊的人則可能只回答「知道」；當被問到「你在哪裡呀？」，正常人會帶著主語說「我在某某地方」，而說謊的人則可能只回答「在某某地方」。

因此，如果一個人在跟你說話的時候，忽然省略主語，那麼多數情況下他是在說謊的。

不過，此處我們強調的是與平時說話的不同，如果一個人平時的說話習慣是不喜歡帶主語的，那麼這一說謊特徵對他來說就是不適用的了，所以還是要具體情況具體分析。

而語速變慢也同樣是說謊的一個參考依據。人在說謊的時候，需要比平時說話時更加謹慎，需要將每一句話都在腦子裡想好，並且確認這句話不會讓對方產生疑心，之後才會說出口，有如此複雜而緊張的心理，語速自然會變慢。而在說實話的時候，我們只需要向別人如實陳述事件的過程就可以了，不需要過多思考。

所以，在交談的過程中，當對方的語速比平時慢下來的時候，那麼你要立刻意識到，這個人有可能是在說謊。

除了這兩種情況之外，說謊的人還可能出現說話不流暢、口誤增多的現象。

當一個人問心無愧，而且毫不掩飾地說出實情的時候，語言通常是流利的，但是，如果在說謊，則常常會出現猶豫、結巴、聲音較小、含糊吞字等情況，顯得說話十分不流暢。

而口誤也是說謊的一個明顯特徵，由於心裡緊張，或者在對方的注視之下語言無法迅速組織到天衣無縫的程度等原因，導致一個人在說謊的時候，口誤可能會比平時有所增加，更有甚者，可能直接一不留神將真話脫口而出，這個時候，你大致就可以確定對方是在說謊話了。

還有一些人在說謊的時候，會明顯缺乏細節。因為害怕說得越多，越容易露出破綻，所以有些人在說謊的時候，會有意識地減少對事件細節的描繪。因此會造成謊言缺乏細節的特點。

所以，當一個人的表述缺乏細節的時候，你可以透過反覆提問細節問題的方法來誘導他露出破綻，從而揭穿謊言。

另外一個可以暴露謊言的說話方式，就是轉移話題。

人們轉移話題，通常出於兩種心理：第一種是由於對當前的話題不感興趣，或者不想提及，所以用轉移話題的方式來避過；第二種，便是出於說謊後的逃避心理。

害怕說太多會被懷疑，害怕對方問出讓自己無法回答的問題導致出現破綻，因此，說謊者往往喜歡東拉西扯，轉移話題，從而將對方的注意力從謊話中轉移到別的地方。

除了這些情況之外，說謊者還可能出現資訊量過度呈現的現象。

比如，你問「你今天跟誰出去了」，正常情況下，對方往往只需要回答出一個人名即可，不需要做出過多解釋，但是，如果他很反常地不但說出跟誰出去，還滔滔不絕地講述了他們去了哪裡，做了哪些事情，這時你就需要注意了。因為對方很可能在說謊。

說謊的人，通常會害怕對方懷疑，所以不由自主地在答案後附加許多解釋，力求以此來讓自己的謊言更加圓滿和可信，這就是所謂的心虛在作怪。所以，當一個人在說話的時候，反覆強調、過多解釋或者畫蛇添足的時候，通常這背後所掩飾的就是謊言。

當然，如果你希望透過上述說話方式的特徵來確認對方是否在說謊，有一個前提，就是對方平日裡說話並不存在這些特徵，只有在這個前提下，判斷才是具有參考價值的。

說謊者的肢體語言

說謊的人為什麼喜歡摸鼻子？叉腰、抬手這些動作都隱含著什麼樣的心理狀態？

我們的身體會做各式各樣的動作，有很多動作，連我們自己都不知道其中蘊含著怎樣的心理動機，但是，這些動作在那些善於解讀身體密碼的高手面前，卻能暴露一個人所有的內心想法和真實情緒。

雖然我們無法像那些專家高手一樣，透過身體語言準確掌握一個人的內心世界，但是透過簡單的學習，還是可以從中掌握到一些技巧，用來識破說謊者的謊言。

程光是某律師事務所的一名律師，一次，他接手了一個離婚案件，一個男子希望與自己的妻子離婚，於是找到了這家律師事務所。

這對夫妻大約四十歲，家裡經營著一家公司，財產豐厚，因此對於財產分配的問題一直爭執不下。男子提出離婚後，他的妻子以他婚內出軌為由，將他告上法庭，要求多分財產。

在向這個男子了解情況的過程中，這男子一直不承認自己出軌，只說是他的妻子為了多得財產而誣陷自己。然而，程光發現在說這段話的時候，這個男子總是下意識地用手去觸控自己的鼻子，肢體也顯得比較僵硬。因此，他判斷這個男子很可能是在說謊。

「我是你的律師，如果你不告訴我實情的話，我沒有辦法幫助你打贏這場官司。」在程光的施壓下，男子不得不講出了自己出軌的實情。

為什麼單憑對方摸了幾下鼻子，程光就能察覺出對方在說謊呢？這是因為，觸控鼻子是說謊者的典型肢體語言之一。

說謊的人會無意識地摸鼻子，這是有科學依據的。生理學研究顯示，人在說謊的時候，會引起體內一種荷爾蒙激素的大量分泌，導致鼻腔內細胞充血腫脹，從而引起鼻腔的神經末梢傳送出輕微的刺癢，因此會感覺到鼻子有輕微不適。

而這一動作也有著心理原因，人在說謊的時候，由於內心的緊張和恐懼，會有一種逃避的潛意識，希望隱藏自己的表情，透過摸鼻子的方式，用手建立一道屏障，擋住自己的臉部表情，能夠帶來一些心理安慰。

所以，如果一個人在與你交談的時候，頻繁地觸控鼻子，那麼則很可能說明他在說謊。

假裝咳嗽或用手遮住嘴巴，也是說謊時常見的一種肢體語言。

用手捂嘴的動作，其實是一個掙扎的狀態，反映了對方欲言又止的心理。而在說謊的時候，一個人在心裡排斥謊言，或者希望謊言盡早結束，便會做出這種遮住嘴的動作。

所以，當別人在跟你說話時，總是用手遮住嘴巴，你就要去思考他是否有說謊話的可能了。

還有一種動作在生活中很常見，就是摸脖子，這也是說謊的一種徵兆。這一動作在日常生活中很常見，它往往代表著一種焦慮或者矛盾的心理狀態。

當一個人無法接受一件事情的時候，通常會做出這一動作。而這一動作男女通常會有不同，男性通常是抓撓或摩擦脖子一側或後側，而女性則通常將手覆蓋在前胸的位置。

當我們確定了這一動作代表的是矛盾、疑惑和焦慮的心理狀態時，就可以透過這一動作來判定對方是否說謊。

比如，如果對方嘴裡說「我很贊同你的觀點」，但是卻做出這一動作的時候，證明他的心裡其實是帶著疑惑甚至是不認同的。

再比如，如果對方嘴裡說著「你放心吧，沒問題」，但是身體卻做出這一動作的話，那證明其實他的心裡對這件事情並沒有把握，因此他在說謊。

同樣的道理，撓耳朵或者捂住耳朵的動作，其實也可能存在蹊蹺。人有一個天性，就是當希望排斥外界干擾的時候，會下意識地捂住自己的耳朵。所以撓耳朵、捂耳朵等動作其實是心理逃避、恐懼的一種外在表現。

說謊的時候，在來自外部和內心的雙重壓力下，人的內心是希望可以逃避的，因此會出現這一動作。

有些男人在說謊時，還可能會有拉拽衣領或者解衣服釦子的動作。這是因緊張、焦慮而導致血壓升高，體溫上升，因此會出現冒汗、呼吸困難等，為了讓自己感到自在一些，就會出現拉拽衣領、解開衣服釦子的動作。

而向後退或者雙臂交叉，這也可能代表這個人正在說謊。這兩種都是防衛、拒絕的動作，在性格內向的人身上經常出現。而當一個平時外向開朗的人突然做這種動作的時候，則證明他很有可能在說謊，用這種方式來表達一種內心的防衛與拒絕。

除此之外，還有許多肢體語言可能代表著說謊。比如莫名地緊張：不停地搓手、快速地抖腿；再比如莫名地焦躁：坐立不安、左顧右盼。

這些細小的肢體語言其實都是內心不安的外在展現，都可能成為提醒我們對方在說謊的一種暗示，因此，一定不能忽視。

但是，這些肢體語言往往不能代表單一的含義，所以沒有哪一種動作是只有說謊時才會出現的，只能說是代表一種說謊的可能。

在具體運用的過程中，我們不能單憑這些肢體語言盲目地判斷對方在說謊，還要根據他的語言、他的表情等方面流露出來的訊息，來做綜合的判斷與考量。

行爲互動有異常，誰是說謊人

當一個人憤怒的時候，會有什麼樣的表現？情緒激動、言辭犀利、動作強硬。當一個人興奮的時候會有什麼樣的表現？情緒高亢、言語激動、手舞足蹈。

由此可見，我們的身體是一個非常協調和統一的整體。換句話說，我們的情緒、語言、肢體語言，雖然各司其職，卻始終是協調統一的，它們共同將我們的內心世界展現出來。

但是，你有沒有想過，如果我們並非真的生氣，而是故作生氣，或者說是心裡開心而一定要裝出生氣的樣子，這個時候我們對外的表達會是怎麼樣的呢？你需要偽裝你的語言、你的每一個表情和動作。

可是，人體是一個如此複雜而龐大的體系，我們無法各方面全部兼顧，這個時候，就難免會有一兩個細小的表情或者動作，出賣了你的內心世界，它們會與我們偽裝出來的情緒相違背，這便是行為互動的異常。

說謊的人，由於內心有所隱瞞，所以難免會出現這種行為上的異常情況，如果你能夠加以把握，它便可以成為我們揭示謊言的一把利器。

說謊者，可能會畏懼面對面的交談。兩個人在正常交談的時候，通常是面對面的，有眼神的交流。如果對方希望與你交流，並且希望傾聽你所說的話，他的注意力會集中在你身上，會面向你，並且與你的談話內容有所呼應。

但是，如果他心裡有鬼，則會出現將頭部後移或者避開的動作，這是一種典型的迴避動作，也就是說，不想與交談對象靠得太近，說明他處於一種不自在、不愉快的狀態之中，並沒有將心思用在聽你說話上。

所以，如果與你談話的人出現這些動作，說明他可能對你有所隱瞞，因此感覺不自在。

很多說謊的人，還會動作拘謹，缺乏自信。人在問心無愧的時候，神志、語言、動作等往往是由心而發、一氣呵成的，但是當說謊的時候，由於心裡的恐懼和遲疑，會導致行為動作的猶疑不定，從而給人一種拘謹而缺乏自信的感覺。

比如，下意識地靠在椅子上、彎腰駝背、藏起手指以及將手插進口袋中等。如果一個平日裡動作瀟灑自如的人突然表現出這種拘謹的動作狀態，那麼你應該予以注意，因為他很有可能是在對你說謊。

還有一些說謊的人，喜歡在面前設定屏障，尋求保護。當一個人對一場談話感到壓抑、不舒適的時候，往往會不自覺地尋求一種心理安慰，這表現在行為動作上有兩種情況：

第一種，會去尋求安全的位置，比如靠在牆上、站到靠近門口的位置，或者下意識地面向出口的方向。

第二種，會在自己和對方之間設定屏障，比如將手中的背包、酒杯等物品擺在兩人中間，或者用自己的手擋住臉部，希望透過障礙物來拉開兩人之間的距離，從而尋求安全感。

所以，當一個人說謊的時候，由於內心感到壓抑與不舒適，便會或多或少地出現這種行為動作上的異常。

耿秋是一名心理醫生，她有一個好朋友，小名麗麗，年近三十，最近認識了一個相親對象，所以約耿秋出來一起吃飯。

在飯桌上，那個男子很耐心地回答耿秋和麗麗提出的所有問題，並且一直說著自己對麗麗很有好感，希望能夠繼續發展，而且對麗麗也很照顧，不停地幫她夾菜。

但是，耿秋卻發現一個奇怪的現象——那個男子嘴上說著很喜歡麗麗，很希望繼續發展，但是當麗麗向他靠近的時候，他的身體卻不由自主地向後，或者肩膀向遠離麗麗的一側傾斜。

身為心理醫生，耿秋明白了這個男人在說謊，他並沒有嘴上說的那麼喜歡麗麗。飯後，耿秋把自己的想法告訴了麗麗，麗麗雖然有些無法接受，但是想到她是心理醫生，還是相信了她的話，去找那個男子詢問。

原來，男子忘不掉前女友，所以根本沒有發展新感情的想法，但是他父母非常喜歡麗麗，安排他們相親，還要求他必須好好跟麗麗交往，在父母的逼迫下，孝順的他不得已做出了妥協。

耿秋之所以能夠察覺對方在說謊，是因為發現了對方言語與動作的不一致。

在生活中，說謊者經常會出現表情、語言與肢體語言不一致的情況，就是我們所說的行為異常。對於這些異常，你要及時把握。

案例中的男子，就是因為出現動作與語言不一致的情況，才會露出馬腳。

我們最善於偽裝的、掌控得最熟練的就是我們的語言，只要保持頭腦專注，通常從嘴裡說出的話都是我們希望呈現出來的樣子，但是肢體語言卻常常被大腦所忽視，因此一個人在說謊的時候，常常會表現出語言與動作相違背的情況。

此外，行為異常還包括表情與語言的不一致。我們在前面曾講過微表情的辨別，它是在人們偽裝的各種表情下不自覺地暴露出來的真實表情，是不受主觀意志控制的。

人在說謊的時候，就是需要表情偽裝的時候，透過語言和動作表情的偽裝來將虛假的訊息傳遞給對方，而將自己的真實內心世界隱藏起來。這個時候，說謊者稍有不慎，微表情就會流露出來，成為我們辨別謊言的主要證據。

偽裝的表情再像，與真正發自內心流露的表情也依舊有著或多或少的區別，比如真正的開懷大笑和皮笑肉不笑，只要我們仔細辨別，就可以發現其中的不同。

所以，當判斷一個人是否在說謊的時候，要看他的表情與語言是否和諧一致，如果他嘴上說「我很開心」，但是表情卻是皮笑肉不笑的，那麼便可以認定他是在說謊。

任何一個說謊者都不可能做到滴水不漏，即使他極擅長組織語言，巧言善辯，能把死的說成活的，但是他的行為動作卻不可能如同語言一樣無懈可擊，偽裝出來的動作永遠不可能與真正由心而發的動作完全相同。

所以，只要你仔細去觀察和分辨，一定能夠找出其中的異常來。

「識謊」九式

說了這麼多關於謊言的辨別方法，你是否也想擁有一眼看穿謊言的本領呢？

還記得《越獄風雲》（*Prison Break*）中的測謊九式嗎？這個 FBI 探

員們常用的謊言測試方法，如果我們可以借鑑到日常生活中來，那麼一定會受益無窮。這其中有一些我們前面已經講過，這裡一併做一個總結吧！

第一式：看對方是否忘「我」

很多人在說謊話的時候，由於受到心理因素的影響，常常會下意識地希望隱藏自己，因此會常出現省略主語的現象。

比如，如果你手下的員工上班遲到了，面對你的詢問，如果他說「車壞在半路了」，而沒有說「我的車壞在半路了」，那麼很可能說明這個理由不是真的，他向你說了謊話。

人在說謊的時候，不僅會省略「我」這個第一人稱的主語，對於其他的主語也會刻意避開。比如，如果一個人在被問及「你與某某是否有不正當關係」的時候，如果他心裡有鬼，則通常會刻意迴避某某的名字，而是用「那個人」等來代替。

第二式：同一個問題，反覆提問

人在說謊的時候，精神處於高度緊張的狀態，為了讓自己的謊言具有可信度，通常在你第一次提問的時候，對方會對答如流。

但是，謊言畢竟不是真實的，當你問過這個問題後，他會將精力集中到其他問題的應對上去，這個時候，如果你猝不及防地重複提問前面問過的某個問題，他便很有可能會因此露出馬腳。

第三式：仔細聽對方的聲音和聲調是否反常

說謊者由於受心裡緊張、恐懼等因素的影響，他們的語調、聲調都會多多少少地發生一些變化，最典型的，就是越心虛，越容易出現音調升高的現象。

一個人在被質問的時候，如果聲音和聲調突然變高，那麼很可能是在說謊。比如，如果你的愛人接到一個電話顯得神情緊張時，你質問他是誰打來的電話，他回答的時候突然音調變高，或者聲音變大，那麼很有可能他在說謊，因為音調的變高和聲音的變大都是為了隱藏自己的心虛。

第四式：觀察對方的笑容

真正發自內心的微笑，笑容隨心流露，並非刻意，因此會顯得自然而舒服，它是均勻的、對稱的，帶動臉部許多的肌肉，因此會出現眼尾的細紋。

但是，如果笑容並非發自內心，而是由人刻意偽裝出來的，則會與真實的笑容不同，顯得做作而不真實。這種偽裝出來的笑容，經常會出現左右兩側不對稱的現象。

這一點在照片中很常見——如果我們拿出一張自己刻意微笑的照片，將左右臉分別擋住去觀察半邊臉上的笑容，便會發現左右臉的笑容幅度往往有細微的差別，但是這種現象在笑容發自內心時拍下的照片上就不會存在。

第五式：觀察對方的眼睛

人在真正思考或者回憶時，眼睛通常是向下的，但是如果是故作回憶狀，則通常會向上瞟。所以，一個人在說謊的時候，為了編造出一個原本不存在的畫面情節，眼睛就會向右上方轉動。

除此之外，由於心虛，在與對方注視的時候，說謊者心裡會產生緊張，這個時候，為了迴避對方的眼神，很多人習慣眼神向上瞟，因為這既可以給人一種問心無愧的錯覺，又可以讓人誤以為自己是在認真思考的。

第六式：看對方的思路是否異常清晰

身為普通人，我們不可能像偵探一樣將經歷過的每件事的所有細節記得清清楚楚，所以在陳述事情的時候，難免會有記錯或者忘掉的細節問題，但是如果一個人在說謊，為了使謊言真實可信，他們往往會將每一個細節都編織得很完美。

因此，如果一個人在與你交流的時候，記憶力顯得超出尋常的好，思路超常清晰，那麼你就要謹慎對待了，除非他真的是一個心思縝密、做事滴水不漏的人，不然他極有可能是在說謊。

第七式：看對方的情緒是否反常

說謊者為了隱藏自己的心虛，也為了讓謊言變得真實可信，通常會有兩種極端的情緒反應：有一些人在說謊的時候，為了讓對方相信自己，會異常耐心與冷靜，不管你問什麼問題，都非常耐心而詳細地去回答，甚至不需要你去問，便主動滔滔不絕地講。

還有一些人則剛好相反，他們通常會選擇故作生氣的樣子來回應、質疑，這種人的心理與我們常說的「惱羞成怒」相似，他們希望透過憤怒的方式來阻斷對方的質疑，並且讓別人覺得自己是因問心無愧而發怒的。但是，這種一點就炸的反常情緒，其實背後掩蓋的往往是謊言。

第八式：觀察對方的微表情

人的表情在反映人真實情緒的時候，是由內而外地自然流露，因為內心感受的不同，從而產生或喜或悲的各式各樣的表情，但是，當一個人說謊的時候，為了配合自己的謊言，表情上通常也有所偽裝。

但是，夾雜在偽裝的各種表情下無意識流露的微表情，卻能夠真實地反映人的內心世界，從而幫助我們察覺謊言。因此，一定要重視觀察對方一閃而過的那些微表情，它們往往比那些長久停留在臉上的表情更加真實可信。

第九式：觀察對方是否有很多觸控身體的動作

有研究顯示，人在說謊的時候，由於心裡的不自在，會導致身體的緊張，因此相比沒有說謊的時候，會多出很多小動作，顯得比平時好動。

比如，說謊時人會下意識地出現摸鼻子、摩擦脖子、搓手指、抱手臂等觸碰自己身體的動作，而這些動作都可以成為說謊的訊號。

以上測謊九式，足夠我們在日常生活中用來辨別各種謊言了，有了這種技能，謊言將在你面前無所遁形。

別對我說謊

我們都希望能夠看穿對方的心思，能夠看穿所有的謊言，但是，看穿謊言並不是我們的最終目的，我們最終希望達到的目標，是在知道對方說謊後，能夠有本事讓對方在我們引導之下，乖乖地將真話說出來。

所以，知道真相，才是辨識謊言的最終目的。

但是，說謊者之所以選擇說謊，便是為了隱藏真相來欺騙我們，那麼，又如何才能讓他們乖乖地繳械投降，向我們說出真相呢？這就需要一些技巧了。

在武俠小說中，兩個武林高手在真刀真槍地動手之前，常常先相對而立，四目相對地怒視對方。這個時候，如果一方的氣場很強大，那麼就會給對手造成一種無形的壓迫感，從而在還未出手時，便令對手感到膽怯。這就是不戰而屈人之兵的境界。

這種所謂的氣場，並非只出現在武俠小說之中，現實生活中也是處處存在的。當我們形容一個人的時候，常常會用到「欺軟怕硬」這個詞語，這其中的「軟」與「硬」，便是對一個人氣場強弱的直觀形容。

我們可以看到，在警察辦案的過程中，一開始犯罪嫌疑人往往是霸道蠻橫、無所畏懼的，但是在警察的施壓之下，其氣場一點點變弱，最後心理防線徹底崩潰，老老實實交代了犯罪過程。

所以，如果想讓對方乖乖地對你說實話，那麼你在氣場上首先要占據有利位置，然後透過施壓的方式，來給對方不斷地造成壓迫感，只有這樣，無法承受心理負擔的說謊者，才會在你的壓力之下繳械投降。

首先，你要學會在語言上施壓。其實在大多數情況下，一個人之所以選擇說謊，並非真的是十惡不赦，並非真的是有害人之心，他們只是害怕說實話之後帶來的後果讓自己無法承受，所以選擇說謊。

比如，孩子考試成績不好，為了害怕父母的責罰，所以選擇說謊；再比如，朋友不小心將對方的祕密說漏了嘴，害怕對方因此惱怒，影響兩人之間的友情，所以選擇說謊……

這些謊言其實並非罪大惡極，只不過是出於害怕承擔後果的自私。這個時候，我們只要抓住說謊者害怕承擔後果的心理，透過降低責罰程度的方式來引導他說出實情，便可以達到目的。

比如，如果你判斷孩子謊報了自己的成績，那麼你可以開導他，告訴他一次考試沒考好父母不會因此而責罰他，但是，如果他學會了說謊這種不良品行，那麼父母會給予他很重的責罰，這樣一來，讓孩子知道，說謊的後果要遠比考試成績差嚴重得多，權衡之下，他便會將成績如實匯報。

語言施壓還有一種行之有效的方法，就是反覆提問。人在說謊的時候，會承受很大的心理壓力，如果我們要求對方反覆重複自己的謊言，那麼他的心理壓力就會越來越重，情緒也會越來越不穩定，在這種壓力之下，對方很有可能便會將真相脫口而出。

與語言相配合的是，你還要在表情上向對方施壓。說謊者為了確認謊言被對方認同，會細心地觀察對方的一舉一動，因此，這個時候，如果我們表現出十分信服的表情來，那麼他們的心理壓力就會降低;反之，如果我們表現出質疑，那麼說謊者就會越發緊張。

所以，你可以利用這一點來向對方施加壓力，直視對方的眼睛，用質疑而威嚴甚至是犀利的目光與他對視，讓他明白你對他的話存有強烈的質疑和反問，這樣一來，明白自己的謊言並沒有被認可，說謊者的心理壓力就會增加。

施壓到此時，相信很多謊言便已經能夠不攻自破了，但是，如果對方是一個說謊高手，這些施壓沒有效果怎麼辦？

這時候，你可以更進一步，在行為動作上向對方施壓。肢體語言是語言的有力配合，如果運用得當，肢體語言會讓施壓的效果事半功倍。

在一部偵探電影中有這樣一個情節：犯罪集團作案的其中一個罪犯被逮捕了，警官提審這個罪犯，希望能夠從他的口中得知其他犯罪同夥的下落，然而無論怎麼審問，這個罪犯始終不開口。

後來，一位知名的警官親自提審這個犯人，他走進審訊室後一句話也不說，只是沉默地坐在椅子上，點了一支菸，然後默然地與犯人對視。與此同時，他用手指輕輕地敲擊著桌面。

審訊室裡出奇地安靜，只能聽見這位警官的手指有規律地一下一下敲擊桌面的聲音。在這種無形的壓力之下，犯人開始坐立不安，過了一段時間，他終於承受不住這種巨大的心理壓力，將犯罪同夥的資訊和盤供出。

由此可見，手部可是向對方施壓的一個很好的工具。所以，學會巧妙地運用手部的動作來表達自己的態度，是向對方施壓的一種很好的方式。

當然，除了手部動作，利用好坐姿與步伐也能向對方施壓。人的坐姿可以呈現出不同的姿態，反映出不同強度的氣場。

比如，坐著喜歡彎腰駝背的人，會給人一種不自信的感覺；喜歡斜倚斜靠在椅背或者別人身上的人，會給人一種慵懶、沒精神的感覺；而那些坐姿挺拔的人，則會讓人覺得氣場很足。

所以，如果你希望透過給對方施壓的方式來造成對方心裡的壓迫感，除了要在語言和表情動作上下功夫，在坐姿上也要給予相應的配合。

同樣的道理，當你處於站立狀態的時候，如果能夠很好地利用步伐，也能造成對方很大的心理壓迫——沉穩的腳步聲，在說謊者周圍反覆地踱步，或者以他為中心不停地繞圈，這些步伐動作配合上叉腰、雙臂交叉等有壓迫性的肢體語言，便會給對方造成一種很大的壓迫和恐懼感，從而突破對方的心理防線。

將這些施壓的方式加以適當地利用和配合，再加以語言上的引導，便可以讓對方在這種壓力環境下越來越慌，最終乖乖地向你坦白事情。

第六章

六個技巧，聽出「話外音」

寧做耳聾的青蛙，不做沒腦子的人

上天賜給我們每個人一對可以聽到外界聲音的耳朵，是為了讓我們能夠更好地與人交流，能夠聽到別人的言語和意見，使我們不必孤立地存在於世間。

但是，任何事情都有一體兩面，耳朵是我們用來聆聽別人的言語和意見的，同時，有時候也成為外界干擾的來源和途徑，而很多時候，這些干擾會成為我們前進路上的阻礙。

有這樣一個寓言故事：青蛙王國選出了一些身強體壯的青蛙運動員來，準備舉行攀爬比賽。牠們比賽的項目，是攀爬一座很高的高塔。比賽開始前，青蛙運動員們在高塔前準備就緒，而周圍擠滿了前來圍觀比賽的青蛙觀眾們。那座高塔高聳入雲，對於矮小的青蛙來說，簡直是難如登天，於是，圍觀的青蛙觀眾們紛紛開始大聲議論起來：「天啊，你們看這塔有多高啊，怎麼可能爬得上去？」「就是啊，一不小心掉下來，可就要摔得粉身碎骨啦！」「是啊，是啊！我敢打賭，根本沒有誰能爬到塔頂去！」……

原本信心滿滿的青蛙運動員們，聽到一旁傳來的議論之聲，紛紛仰頭觀看高塔，越來越覺得這座塔是高不可攀的，自信心一點點消失，取而代之的是，心頭湧上來的恐懼。於是，在觀眾的議論聲中，一個接一個的青蛙運動員離開了起點，退出了比賽。

比賽開始時，僅剩下了一半的青蛙運動員參加，牠們努力地向上爬去。爬了一會兒，果然有青蛙如同觀眾們所預料的，一不小心從半空中墜落下來。見到這個場景，塔底觀眾們的議論之聲更大了，那些爬到半路的青蛙們，紛紛開始猶豫，前方還有那麼高的距離要爬，萬一摔下去可不是鬧著玩的，於是，牠們一個接一個地放棄了比賽，退回到地面上去了。

這時，令大家沒有想到的是，竟然還有一隻青蛙心無旁騖地堅持向上爬去，任憑觀眾們的議論聲、諷刺聲甚至是嘲笑聲再大，牠也無動於衷，一步一跳地向著終點爬去。最後，牠順利地爬上了塔頂。地面上的青蛙們開始改變態度，對著牠瘋狂地鼓掌喝采。

然而，對於喝采和鼓掌聲，這隻青蛙也彷彿沒有聽到，與牠說話牠也全然不理。最後，大家才發現，原來這隻青蛙是一個「聾子」。

你是不是認為自己是自己思想的主宰者？是不是認為自己足夠獨立和堅強？但是，你能擺脫別人帶給你的影響嗎？你能對別人的評價毫不在意嗎？相信大多數人都是做不到的。

因為太過在意別人給出的意見，我們的手腳就會被這種無形的力量所束縛，最終無法到達心中真正渴望的地方。

現今社會，初出茅廬的年輕人總是熱血沸騰的，希望可以在廣闊的天地中大展宏圖，實現自己的理想，為此，他們毅然決然地走上創業的道路。

但是，很多時候，創業的想法才剛剛萌生，便被身邊的人當頭淋了一盆冷水——「創業多不穩定！那麼多創業的人，有幾個賺錢的？最後還不是賠得血本無歸！你好好的大學畢業，考個公務員，找份穩定的工作，又體面又安穩，比創業強多了。」

在身邊長輩、朋友的嚴厲苛責或者良言苦勸下，最初創業的一腔熱忱最後化為烏有，只能老老實實地找份穩定的工作，過著一成不變的所謂的「安穩」的日子。

這些人就像那些眼見高塔還沒有攀登就放棄了比賽權的青蛙們。

而那些比較有主見的年輕人，力排眾議，走上了創業的道路，但是在經歷各種艱辛與坎坷的時候，身邊的人便又來趁勢規勸——「你看到的創業成功者不過是鳳毛麟角，絕大多數的人都失敗了，這個難關你過不去的，趁早收手去找份安穩工作吧，別再浪費時間了，跟你一起畢業的人都穩定了，就你還一事無成呢！」

在現實的打擊與別人的冷嘲熱諷之下，絕大多數堅持到半路的年輕創業者，最終就像那些爬到一半退出比賽的青蛙一樣，半途而廢了。馬雲曾說過：「今天會很殘酷，明天會很殘酷，後天會很美好，但大部分人會死在明天晚上。」

這些人其實比那些一開始便放棄的人更可惜，因為他們死在了馬雲口中的「明天晚上」，離後天的美好只有一步之遙。

所以，成功者之所以稀少，除了生不逢時、能力不足等客觀原因之外，還有一個很重要的原因，就是因為有一大部分的失敗者，都敗給了外界的干擾，忘記了自己的初衷，或者沒有勇氣去堅持自己的初衷。

你是不是也有這樣一個習慣，就是希望透過別人的評價和支持來獲得安全感，自己心裡的一個想法，如果別人支持，你會瞬間覺得這個想法可行，但是如果別人說不好，你便會覺得不可行？

可是，不要忘了，別人眼中的好與不好是他的判斷，而你要有自己的判斷。別人的意見可以作為參考，但是如果任憑別人的意見主導和左右你的思想，那麼你終將一事無成。

縱觀古今中外的成功者，有哪一個不是獨立思考的有主見之人呢？他們正是因為勇於堅持自己的想法，力排眾議，做別人未曾看見的超前之事，創造別人未曾想到過的超前之物，最終才能夠成為時代的先驅，帶動社會的進步，帶動潮流的發展。

所以，如果你希望在某一件事情上有所成就，那麼首先要學會心無旁鶩，做一個獨立思考、獨立決斷的人，讓他人的意見成為輔助你進步的工具，而不是成為阻礙你進步的絆腳石。

如果你做不到這一點，那麼與其輕信別人，還不如做一隻「耳聾的青蛙」。

酒桌上的場面話，就算是眞言也難算數

現在這個時代，喝酒辦事已經成為一種習慣，講感情要喝酒，談生意也要喝酒，似乎離開了酒桌便辦不成事一樣，總之一句話：「全在酒裡了。」

而我們常說酒後吐真言，因此，很多人喜歡將別人酒後說的話當作「真言」，過後還抓住不放，等待對方履行酒桌上的承諾。結果，對方往往以喝多了、不記得了為藉口，事後概不買帳。

你要知道，酒桌是一個特殊的社交場合，有些人是為了感情，有些人是為了工作，有些人是為了託人辦事。所以，很多時候人們在酒桌上說的話都是逢場作戲的場面話，如果你因此埋怨對方事後沒有履行酒桌上的承諾，那麼不能怪對方食言，只能怪你自己太容易輕信別人，連酒桌上的話也當真。

在一次公司答謝會的酒席上，小王與自己的幾位客戶喝酒聊天，談到了電子產品。小王說自己有個同學在移民署工作，可以幫忙從香港帶回最新款的 iPad，比專賣店便宜。一位已經喝得面紅耳赤的客戶聽了，隨口說道：「我剛好想要一個，你幫我弄一臺！」既然客戶說話了，小王心想，為了拉攏他，讓他以後與自己繼續合作，一定要幫他把這件事情辦好，於是便牢牢記在了心裡。

回家後，小王便與自己的同學聯繫，自己墊錢讓同學幫忙從香港代購了一臺最新款的 iPad。拿到 iPad 後，小王興沖沖地打電話給那位客戶，本以為客戶會很開心，沒想到對方卻一口否認：「我什麼時候說要買了？那天喝多了，我不記得了！我家孩子上國三，買那個會讓他分心！」

小王頓時傻了眼，幾千塊錢的東西，對方不要也不可能硬塞給人家，但是已經買回來了，又不能再讓同學退回去，無奈之下，只能自己留下，吃了一個悶虧。

酒桌是一個很特殊的社交場合，很多人在酒桌上敢說平時不敢說的話，因為過後可以一概不承認，反正只要推託說自己當時喝醉了，就可以將責任推得一乾二淨。

因此，你要牢記一個準則：酒桌上是一個可以說話不負責任的地方，所以無論在當時對方是如何向你保證、如何堅定地做出承諾、如何感情親密得稱兄道弟、如何胸有成竹地吹噓自己的本事，這些話你都聽聽便罷，不要太過認真。

在職場上，很多人喜歡拍主管的馬屁，因此把酒桌當成一個討好上司的好地方，一杯接一杯地向上司敬酒，說盡了奉承的話。

這個時候，上司喝醉了，可能便比平時豪爽和無所顧忌。因此一高興，他便會做出些承諾來，比如你表現得很好，回頭替你升職加薪之類的。更有甚者，認為酒桌上好說話，因此故意把一些工作上的難題放到酒桌上去解決。

比如，你在與一個客戶的談判上遇到困難，對方要求你們公司做出一些讓步來，這一要求如果放在平時，你害怕自己的上司不同意，所以選擇在酒桌上去說，結果上司藉著酒勁，一高興，便答應了你的要求。

但是如果你因此而開心，那麼你要小心了，因為等明天回到辦公室你拿著這個酒桌上的口頭承諾去找上司簽字的時候，你的上司很有可能不但不會簽字，反而大發雷霆，認為你辦事不力。

酒桌永遠是酒桌，即使是位高權重的人，在酒桌上說的話與在辦公室裡嚴肅交談做出的承諾永遠都有著巨大的差距。你不能因為對方地位的高高在上，就將他在任何場合做出的承諾都當成具有效力的語言，否則酒醒後失望的一定是你。

酒桌就是一個真真假假、混雜難辨的地方，有人當時講義氣背後卻只圖名利，有人當時掏心掏肺過後卻形同陌路，有人吹牛皮包辦一切做出承諾，過後卻忘得一乾二淨……

在這樣一個真假難辨的場合中，認真你就輸了。

當然，我們不能一口否定說酒桌上說的話都不是真心話，確實，相比平時，酒桌上的很多話往往是一個人內心真實想法的流露。平時趾高氣揚的人，喝醉後可能吐盡辛酸往事；平時沉默寡言的人，喝醉後可能敞開心扉。

這是因為酒精的麻痺作用讓人的理智喪失思考的能力，從而將自己平時小心隱藏的一面釋放出來，勇於說平時不敢說的話，做平時不敢做的事情。所以，才有了「酒後吐真言」一說。

但是，你不要忘了，這些酒後流露出來的一面，正是人們平日裡不想被人看見的一面，既然是不想被人看見的，那麼清醒之後又怎麼會願意承認呢？

人在不受理智控制的情況下做出的任何決定，過後都很可能會被理智所推翻。比如上面小王的那個事例，他的客戶可能是很想要一個 iPad，因此在酒醉的情況下脫口而出，但是清醒之後，理智重新成為頭腦的主宰者，考慮到孩子讀書或者其他等等因素，覺得買 iPad 不是一個明智的選擇，因此拒絕承認。

而小王如果在喝完酒之後，能夠先與客戶進行確認，確定對方是真的想要買，而不是酒桌上的隨口一說，這個時候再去幫忙購買，便能夠避免這種尷尬局面的出現。

所以，如果你與別人在酒桌上達成什麼承諾或者協議，當時一定不要太當真，等對方清醒之後要再做確認，如此一來，才能知道那到底是對方的真心話還是酒桌上的場面話。

一手包辦的承諾，大多是隨口一說

「你放心，包在我身上！」「這點小事，在我這裡不算什麼！」「這件事你不用管了，我幫你辦得妥當！」……有一些人常常喜歡這樣胸有成竹地對人拍胸脯，遇到事情包辦一切地做出承諾，最後事情卻根本沒去辦，或者沒有能力辦成。

方言中有一句俏皮話，叫做「天橋耍把式，光說不練」，就是用來形容這些嘴上功夫厲害，辦起事來卻大打折扣的人。

姜先生與一位朋友許久未見，一次偶然相遇，便一起吃飯敘舊。在交談間，姜先生流露出自己買房的意願，說最近房價下跌，想要換一間大一點的房子。朋友一聽，說道：「你想買房找我就對啦！我認識某某房地產的張總，他們最近剛建成一個房地產，就在市中心，地段特別好，憑我跟他的交情，肯定能給你個內部價！」

「真的嗎？」姜先生之前也關注過這個建案，認為這是個好機會，因此十分激動。

朋友拍著胸脯說：「你放心，這件事情交給我了！我去跟張總喝頓酒，保證沒問題！」

見朋友如此胸有成竹，姜先生非常高興，回家便與妻子商量，開始四處籌錢，準備買新房。結果，轉眼過去了兩個月，該做的準備都做好了，朋友那邊還是沒有任何西學。姜先生有些著急了，便打電話過去詢問，沒想到朋友的話卻讓他傻了眼：「我們說過這件事嗎？我怎麼不記得了？……不然這樣，我幫你去問問，不過現在房產市場不景氣，你也知道，想要內部價得有關係，我怕我也幫不上什麼忙。」

姜先生這才知道，自己滿心期待，等了兩個月的承諾，在朋友那裡不過是隨口一說的，根本沒有真心要幫忙，不由得對自己的輕信後悔萬分。

常說道：「量力而為。」但是有許多人，就是喜歡盲目地輕易許諾，開空頭支票，不管是大事小情，都喜歡攬在身上，最後成與不成是一回事，但是似乎不將事情攬過來，便不能證明自己的能力似的。

可是這樣的人，往往只是隨口一說，他們包辦一切的承諾，很多時候只是為了在當時的情形下為自己找到一種滿足感和虛榮的快感，至於過後是否去做，是否能夠做成，常常是不會去考慮的，更有甚者，甚至是承諾過後一轉頭，便早已經忘得一乾二淨了。

所以，如果一個人在你面前如此做出承諾，你一定要理智地對待，不要輕易去相信對方的承諾，以免最終耽誤了自己的事情。

從古至今講求言必信，行必果。所以，在我們的觀念之中，承諾是一件嚴肅的事情，雖然它不像白紙黑字的合約一樣具有法律效力，可以受到法律的有力保障，但是在生活中，我們往往預設將承諾當作一種協議，當作一種人與人之間交往的信任。

因此，當一個人對我們做出承諾的時候，我們在心裡會對他產生一定的信任和依賴，但是，遇到那種言而無信，喜歡開空頭支票的人，我們對於承諾的輕信就會為自己帶來不好的後果。

所以，我們不可盲目相信別人。

做出承諾的過程，應該是一個嚴肅而認真的過程，當對方有所需求的時候，我們首先應該考慮自己的人脈、時間、精力、能力種種因素，是否能夠幫助對方妥善地解決事情，如果確認可以，才可以做出承諾，如果做不到，則不能輕易許諾。

也就是說，一個有責任心的人，在向別人做出承諾的時候，往往是經過慎重考慮的，他需要一個思考的過程，並且會在承諾前將可能遇到的困難和風險以及失敗的機率如實告訴對方，如果對方可以接受，再做出承諾不遲。

所以，如果你去觀察那些承諾一手包辦的人，便會發現，他們對於你提出的要求往往並沒有經過深思熟慮，而是毫無顧忌地脫口而出。他對自己的能力和事情本身的難易程度其實並沒有做出一個準確的預判，所以承諾是有口無心的。

他們的承諾，只不過為了滿足自己的虛榮心，或者為了滿足自己的面子，而在事後真正需要去處理事情的時候，一旦遇到他的能力無法解決的困難或者風險，他便會對當初輕易許下的承諾感到後悔，因此或者選擇大事化小，或者直接矢口否認。

對於這些喜歡承諾一手包辦的人來說，承諾不是一種責任，他們只是希望在人前展現自己能幹的一面，讓別人對自己高看一眼。所以，他們會大拍胸脯做出承諾，以此讓對方認為自己很厲害，很有能力，滿足自己的面子和虛榮心。

由此可見，承諾在他們眼中不過是用來炫耀的虛偽表演而已，並非由心而發，自然也就不能夠成為日後約束自己的一種責任，你又怎麼能指望這些不重視承諾的人，在日後兌現自己的承諾呢？

所以，如果你輕易地將這種人的承諾當真，事後埋怨他們言而無信的話，那也只能怪你自己太天真了。

信任是我們對別人的依賴和尊重，但是，我們自己要有分辨的能力，誰是言必信行必果的人，誰是承諾無心的人，身為一個理智健全的成年人，我們應該有自己的判斷能力。

誰值得相信，誰的話聽聽就好不要當真，如果你能夠分辨得清這其中的區別，便不會被那些「光說不練」的表面功夫所矇騙了。

男人的承諾，有時只是爲了討女人歡心

戀愛中的男人，似乎從來都不吝嗇自己的承諾，小到「我今天肯定很早回家」，大到「我會愛你一生一世」，男人用承諾為女人編織出一片美麗的天空，讓女人可以在這些承諾之下得到安全感和愛情的保障。

但是，早上說好下班就回家的人，不一定下了班便心甘情願地匆匆回家，而曾經說好相守一生的人，最後也沒有幾個能夠真的執手偕老。

到最後，當男人沒辦法一一兌現承諾的時候，女人就會抱怨說男人是騙子，說天下烏鴉一般黑。

但是，身為女人，你在抱怨男人輕易許諾，卻又輕易摧毀諾言的時候，有沒有想過，這樣的結果難道真的只是男人的一廂情願嗎？這其中難道就沒有女人的促成作用嗎？

一個人如果想要得到某樣東西，就一定要想辦法去努力占為己有，對待感情也是一樣，當一個男人喜歡上一個女人的時候，為了得到她，他一定會想方設法投其所好，知道女人喜歡承諾，男人便會費盡心思地給予各式各樣的承諾。所以，男人的承諾，其實都是為了滿足女人的心理需求。

妳喜歡錢，他便會承諾以後賺多少錢給妳，買多少奢侈昂貴的東西給妳；妳追求完美的愛情，他便會承諾一生一世只愛妳一個人，絕不多看其他女人一眼；妳喜歡自由，他便會承諾結婚以後給妳足夠的個人空間，絕不干涉妳的朋友圈……

這些承諾，都是投其所好的結果，而男人之所以要不停地做出承諾，是因為女人需要承諾，需要承諾來作為愛情的保障。所以，為了得

到這份愛情，為了在得到後能夠穩固這份愛情，男人便需要在女人的促使下不停地做出承諾。

小鈺是一個二十五歲的職場白領，在一次朋友聚會上認識了比她大十幾歲的陳先生。陳先生離過婚，有一個未成年的兒子。雖然離婚時法院將所有的財產都判給了前妻，但是好在他事業成功，因此家庭條件還算不錯。兩個人在後來的接觸中慢慢相互了解，小鈺認為陳先生是一個值得託付終身的好男人，因此不顧家人的反對，一心一意地跟他在一起，甚至做好了與他結婚的打算。

平日裡，陳先生不但會買給小鈺很多她喜歡的東西，而且常常承諾結婚以後買新款的奧迪車給她，買最好看的鑽戒給她，承諾將兒子送到寄宿學校去，不必跟他們一起生活。太多的承諾讓小鈺的心中充滿幸福，也對這段婚姻有了越來越多的期待。

然而，每次小鈺提出結婚的時候，陳先生卻總是以各種藉口來推託，說什麼最近工作忙，或者說什麼孩子身體不好等等，總之，只要小鈺提到結婚的事情，他總能找出一大堆理由來推託和迴避。時日久了，小鈺的心裡也開始打鼓，她一邊將那些承諾當成定心丸來安慰自己，認為他可能只是還沒有做好結婚的準備；一邊心裡又開始隱隱地擔心，害怕對方根本沒有與自己結婚的打算。

越是糾結，小鈺的心情便越是低落，由於缺乏安全感，她開始不停地跟陳先生吵架，最後，兩人因感情破裂而分了手。

男人之所以會做出各式各樣的承諾，其中原因總結起來很簡單：

第一種原因，是當下真心實意的許諾。

有些男人在做承諾的時候，他是真心認為這個承諾是能夠實現的，所以是發自內心地做出承諾。

比如，很多熱戀之中的年輕人，當他們說出那些相守一生、不離不棄的海誓山盟的時候，其實絕大多數的人心裡都是真的認為自己愛得足夠深，並且認為這份愛可以一直如當下那般堅定，可以抵抗漫長的時光走向永恆的。

然而，當時間一點一滴地走過，當平淡的流年將最初的激情沖刷殆盡，那份真誠而熾烈的愛情開始褪色，承諾的價值便也隨之褪色，最後，愛情被消耗殆盡，兩人各安天涯，而那份承諾也隨之消失無蹤。所以人們才感嘆：「人生若只如初見。」

而第二種原因，則遠比第一種要自私和複雜 —— 有些承諾，其實男人的心裡並不能夠保證自己可以做到，甚至他們從一開始便知道自己不可能做到，但是，出於某種目的，他們違背內心真實想法做出承諾。

比如，在追女孩子的時候，對於女孩提出的要求，男孩明知道自己做不到，但是為了讓對方答應跟自己在一起，他還是自私地做出承諾。

再比如，婚後的兩個人，妻子因丈夫的常年出差而沒有安全感，丈夫的心裡明知道自己的事業遠比家庭重要，為了讓妻子少一點嘮叨，他還是違心地做出承諾，說自己會多抽出時間來陪她。

這一種違心做出的承諾，連男人自己的心裡都知道是不可能實現的，這諾言最終當然只會成為一張空頭支票了。

當然，這也不能說是男人的錯，畢竟誰都有趨吉避凶的本能。試想一下，如果妳的老公或者男朋友問你會不會一輩子跟他在一起的時候，你會怎麼回答呢？

如果妳希望繼續和他在一起，那麼妳一定會回答說：「我會一輩子跟妳在一起。」而這句話便是一句承諾，可是妳能確保十年二十年後的妳不會變心嗎？妳能確保這漫長的一輩子之中不會發生任何阻礙你們在一起的障礙嗎？誰都不能保證。

所以，承諾說出口是一回事，能不能最後實現卻又是另一回事。承諾只是當下的一種表態，是用來點綴感情的一種裝飾品，但是，如果妳將承諾當成救命稻草，將承諾視為不可違背的真理，那麼最終一旦承諾無法達成，妳只會因此而受到傷害。

聰明的女人，對於男人的甜言蜜語，對於男人在濃情蜜意之時信誓旦旦的承諾，只會將它當成一種美麗的裝飾品和調味品，卻絕不會當作衡量這份感情的唯一準則。一個人是否值得交付真心，一份感情是否值得用心去維護，不能聽對方嘴裡說什麼，而是要全面地去了解那個人的一點一滴。

大多數恭維像香水，可以聞但不要喝

還記得方仲永的故事嗎？一位年幼時便才華蓋世、力壓眾人的少年天才，不管到何地都備受吹捧，被人抬得高高的。他在一片恭維之聲中志得意滿，結果止步不前，長大後「泯然眾人矣」。

人人都喜歡聽好話，喜歡聽別人對自己的溢美之詞，所以，讚美對方成為人際交往中的一種禮儀和相處方式。

適當地讚美對方可以拉近人與人之間的距離，適當地接受別人的讚美可以提升自己的自信和心裡喜悅感，因此，適當地讚美對我們來說是一件雙贏的好事。

但是，凡事有標準，過度的讚美就會成為恭維。一個人，如果太喜歡恭維別人，便會被看成是喜歡逢迎諂媚、阿諛奉承的小人。而一個人太喜歡被人恭維，則會沉浸在這些過度的溢美之詞中，失去對人和事的客觀、理智的判斷，從而反受其害。

曾經有網友總結過恭維女性的言辭：「當你想讚美一位女性的時候，如果她長得漂亮，那麼你要讚美她的美麗；如果她並不漂亮，那你要讚美她的年輕可愛；如果她既不漂亮也不年輕，那你就要讚美她的氣質……」

可見，任何人身上都有自己值得讚美的地方，只要想要去恭維一個人，總可以找到能夠恭維的地方。

但是，恭維之詞雖然好聽，如果你迷戀其中無法自拔，它卻可能成為穿腸毒藥，為你帶來無窮無盡的痛苦。戰國時期的齊威王，正是明白這樣一個道理，才廣開言路，最終成為一代明君。

鄒忌是戰國時期齊國的一位臣子，他因相貌英俊而自視甚高。一日，他對鏡自照，有些揚揚得意，於是問身邊的妻子說：「我跟城北的徐公相比，誰更好看一些？」他的妻子於是讚揚了一番他的英俊，說徐公的容貌不可能比得上他。鄒忌於是又去問自己的小妾，小妾也稱讚了他一番，認為徐公比不上他。第二日，有客人來拜訪，鄒忌又問了客人同樣的問題，客人依舊是讚美了他一番，認為徐公不如他英俊。後來，鄒忌親眼見到徐公，怎麼看都覺得自己遠遠比不上徐公，於是他從中悟出一個道理，認為他的妻子、小妾和客人出於愛戴、敬畏、有求於他等原因恭維他，從而矇蔽了他的雙眼，讓他自認為遠比徐公英俊，可見，受人讚美也不見得是一件好事。

於是，鄒忌上朝拜見齊威王，向齊威王敘述了這件事情，並且進諫道：「如今的齊國，土地方圓千里，有一百二十座城池，宮中的姬妾和身邊的近臣，沒有不偏愛大王的；朝廷中的大臣，沒有不懼怕大王的；國內的百姓，沒有不對大王有所求的：由此看來，大王受矇蔽一定很厲害了。」

齊威王認為他的進諫很有道理，於是下令，所有齊國的大臣、百姓，但凡能夠指出他的過錯的，都能夠得到不同程度的賞賜。一時間，齊國廣開諫言，臣子、百姓紛紛直言進諫，齊威王根據臣民們給出的建議改良各項國策，使齊國迅速發展壯大起來，周圍各國紛紛來朝。

中國封建社會歷經了幾千年，無數位國君曾君臨天下，執掌一方，然而，縱觀這幾千年的歷史不難發現，但凡是盛世明君，身邊一定都有勇於直言進諫的忠臣義士，而那些昏庸無道的昏君，身邊卻都是善於恭維和阿諛奉承的奸佞小人。

由此可見，齊威王的廣開諫言並非是個案，那些能夠成就一番偉業的君主們都是能夠在恭維之詞中穩定自持，不偏聽偏信的。

反之，再看看那些喜歡聽別人的恭維之詞驕傲自大的人最終又是何等下場呢？

三國群雄逐鹿時期，呂布勇冠天下，劉玄德三兄弟以三對一，才能堪堪與他打一個平手，如此勇猛異常的武將，在當時無人能與之匹敵。然而，他卻憑著一身的本事而不可一世，只偏愛聽好話，對身旁奸詐小人的恭維之詞百聽不厭，對於逆耳的良言卻一句也聽不進去，最終在一片恭維之聲中妄自尊大，被曹操打敗，落得個身首異處的悽慘下場。

所以，恭維之詞雖然悅耳動聽，但是卻如同芬芳的香水一般，聞一聞可以讓人心曠神怡、飄飄欲仙，但是，如果你將它太過當真，欲罷不能，非要去嘗一嘗它的味道，那最後只能是自討苦吃了。

這是一個天下熙熙皆為利來，天下攘攘皆為利往的社會，人與人之間的交往很多都並非出於單純的真心，很多人可能有求於你，因此毫不吝嗇自己的讚美之詞，不停地為你戴高帽，他們這樣做是為了獲得你的好感，從而達到自己的目的。

但是，如果你不能夠分辨這些「高帽」的真偽，將別人的恭維之詞都當作對你的真心讚美，就會在不知不覺中對自己的評價越來越高，到最後脫離實際，認為自己真的配得上這些「高帽」，這個時候你離危險也就不遠了。

千萬不要認為這是危言聳聽，恭維之詞包裝而成的糖衣砲彈，連歷史上那些勇猛無敵的人都難以抵擋，又何況是你我呢？

這個世界上最不需要成本的禮物便是讚美之詞，所以，當一些人有求於你的時候，他們會毫不吝惜自己的語言，會將最好聽的讚美之詞都拿來形容你，而沒有自制力的人，常常會被這些恭維的話越抬越高，最後失去自我的理智判斷，認為自己很了不起。

殊不知，這些人表面上恭維你，背後卻說不定怎麼說你的壞話呢！

所以，對於別人的恭維，淺嘗輒止，保持清醒的頭腦，才是應對恭維的上上之策。

他人的甜言蜜語，也許另有所圖

天下沒有免費的午餐，同樣的道理，這世界上也沒有無緣無故地示好。

甜言蜜語是親人與愛人間用來增進感情、維持親密的一種調和劑，但是除了來自親人、愛人的甜言蜜語，我們還會常常聽到身邊的朋友、同事甚至是陌生人的各式各樣的甜言蜜語。

而這些甜言蜜語多多少少都暗含著對方的一些意圖，單純一些的是希望與你拉近關係，不單純的，可能就是要透過這種方式來讓你消費甚至是對你有所企圖了。

你在逛商場的時候，肯定經常會碰到這樣的人——他們非常主動熱情地上前來與你打招呼，開口便是「帥哥」、「美女」地稱呼你，然後滿口誇讚你的皮膚很好、你的身材很好等等，等把你誇得有些揚揚自得的時候，他們開始推銷自己的產品。

很多人會被這些銷售員的甜言蜜語誇昏了頭，還有一些人受了人家的誇讚覺得直接拒絕會感到不好意思，所以，就算對他所推銷的商品並不很感興趣，也會掏出腰包多少買一些。

而這就是業務員的高明方法了，他們知道透過這種先說甜言蜜語，再推銷產品的方式遠比直接開門見山地推銷產品更容易讓人接受，更有利可圖，所以便紛紛使用這樣一種推銷的方式。

這便是為什麼現在很多地方的商場裡都有這樣一個現象，無論是理髮店、服裝店還是各種化妝品商店，總有一些業務員站在店門口，對著往來的行人一口一個「帥哥」、「美女」，一邊說著甜言蜜語，一邊將人往店裡面拉。

而很多顧客，被人無端地誇讚了一番，總覺得不買些東西面子上過不去，於是糊裡糊塗地就在這些業務員甜言蜜語的哄騙之下掏了腰包。

而這樣的現象不只出現在商場裡，在職場裡也很常見。

在公司裡，總會有一些比較有心機的同事，不單單對自己的主管說各種好話，拍主管的馬屁，對他有用的同事，也是毫不吝嗇自己的讚美，將人哄得樂呵呵的，再張嘴求人辦事。

王瑜入職五年，是一家年輕公司的元老級的員工，原本年底升部門經理的事情已經是無庸置疑，結果沒想到，卻被剛入職兩年的另一位同事小鑫橫插一足。

小鑫兩年前從銷售行業轉行進入他們公司，初來時被分配到王瑜這裡當助理。小鑫很機靈，每天主動幫王瑜買早餐，一口一個「王姐」叫得十分親切，在其他同事面前，更是尊稱王瑜為「老師」，今天誇王瑜的衣服很漂亮，明天說王瑜看起來年輕，總之甜言蜜語不斷，哄得王瑜非常高興，所以小鑫在工作上不管遇到了什麼問題，王瑜都毫無保留地教她，幫她解決。

不僅如此，小鑫在主管面前也非常會說話，因此入職不久，便得到主管的器重，短短兩年，在公司的地位已經幾乎可以與王瑜持平了。然而，毫無心機的王瑜一心把小鑫當成很好的同事和朋友，以至於讓小鑫掌握了她手裡的很多客戶資料。

在接近敲定部門經理人選之前，小鑫利用王瑜的客戶資料將王瑜的一個大客戶挖到了自己手中，導致王瑜的業績直線下滑，讓主管非常不滿意。最後，眼看到手的部門經理的職位就這樣不翼而飛了。而入職短短兩年的小鑫，就這樣升為部門經理，成了王瑜的頂頭上司。

陷阱之所以危險，是因為它明明是陷阱，卻被偽裝成非常美麗誘人的樣子，如果它赤裸裸地擺在那裡讓你一眼便看到真容，那又有誰會上當呢？

這世界上越是有毒的植物便越是長得鮮豔美麗，越是心懷不軌的小人，越會裝出一副正人君子的樣子來。

所以，你要記住，無論是看人還是看事，都永遠不要只看外表，而是要常懷警惕之心，不要被假意的偽裝和甜言蜜語所欺騙。

別人不會無緣無故地對你說甜言蜜語的，這個道理其實我們都明白。

如果大街上遇到一個陌生人，莫名其妙地上前來，對我們大肆誇讚一番，然後毫無目的地轉身而去，那麼我們反而會覺得這個人精神有問題。

所以，其實我們從心裡是知道的，別人誇讚我們的甜言蜜語背後，往往連帶著某些企圖，比如有求於我們，比如希望推銷產品給我們，比如希望跟我們建立友誼等等。

這些意圖有好有壞，有對你來說無傷大雅的，有一些卻是對你不利的，所以，在這些甜言蜜語面前，你還是要學會理智對待，準確分辨，保護自己遠離那些對你不利的意圖。

曾經有一個犯罪集團，就是利用這種說甜言蜜語的方式，在大街上向年輕女性推銷產品，然後聲稱帶她們去自己的店裡看看，結果走到僻靜處的時候將這些年輕女性迷暈，將她們拐賣到偏遠地區去。

那些受害的女性，正因為輕信了這些甜言蜜語，沒有了防範之心，才會讓犯罪分子輕易地得逞。

俗話說，害人之心不可有，防人之心不可無。我們每天要與形形色色的人打交道，沒有一顆防人之心是不行的。

當許久不見的朋友、身邊一起工作的同事或者是馬路上擦肩而過的陌生人，異常殷勤地對你說著甜言蜜語的討好之詞的時候，你要能夠扒開這層美麗的外衣，去看清楚他們內心的真正意圖，不要因迷戀這些虛無的花言巧語而迷失自我。

否則，一旦被這些甜言蜜語所矇蔽，就難保不會吃虧上當了。

第七章

人際交往中，不可不警惕的弦外之音

「這眞是太巧了！」—— 這是我有意爲之的

網路上流行著這樣一句話：「你所以為的巧合，不過是另一個人用心的結果而已。」

這句話的原意是說，在感情方面，很多時候被追求的一方所認為的偶然邂逅等緣分都是出於巧合，其實殊不知這背後卻是主動追求的那一方用心經營去為自己創造接近對方的機會。

有趣的是，這句話不只適用於感情，同樣也適用於我們生活中的各方面。在生活中，有很多我們認為是巧合的事情，其實正是其他人刻意去追求和創造的結果。

所以，雖然這個世界上確實存在著許許多多巧合，但是還有很多湊巧的事情，其實並非真正的巧合，而是別人有意為之的結果。

很多時候，我們常常會聽到別人說「這真是太巧了」之類的話，當發生了一件十分巧合的事情的時候，如果相關的人如此一說，我們頓時會相信這其實就是一場巧合。

但是，你有沒有想過，如果對方說的是謊話呢？你能保證所有發生在你身上的巧合都是真正的巧合，而並非別人有意為之的結果嗎？

在喜歡上一個人的時候，為了製造跟對方接觸的機會，人們往往會想盡一切辦法去接近對方。打聽到對方住在哪個社區裡，或者在哪座辦公大樓裡上班，便會有事沒事地到那附近去徘徊，知道對方喜歡在哪個餐廳裡吃飯，於是恨不得一日三餐都在那家餐廳裡解決。等到終於如願以償地與心上人邂逅了，便裝作吃驚的樣子說一句：「好巧呀，你也在這裡！」

然後隨著頻繁的巧遇，對方漸漸開始覺得兩個人好有緣分，從而在相處中慢慢增進感情，最終成功走在一起。

所以，當你被人追求的時候，你總會發現，那段時間裡你跟那個人的偶遇的頻率會比平時高很多，這些頻繁的邂逅讓你不由得開始對他產生印象，並且覺得兩個人很有緣分。但是，如果你自己去觀察去思考，就會發現，其實這是因為對方希望看到你，希望接近你，所以更加頻繁地出現在你的周圍而已。

由此可見，這所謂的命中注定的緣分，其實不過是對方用心付出，用心經營的結果而已。

所以，當一個人在一件事情中希望達到自己的目的的時候，常常會將那些刻意而為的結果偽裝成一種巧合。

比如，我們在逛商場的時候經常會發現這樣一個情況：總有一些店面在店門口貼著大廣告、大橫幅，上面寫著「本店租約到期，所有商品低價出清，僅限三天，欲購從速」等促銷資訊。

這個時候，原本沒有購買欲望的行人為了不辜負這恰巧遇到的「天賜良機」，於是紛紛走進店裡去，希望趁著這個機會買到一些划算的商品。

相比普通的促銷資訊，這種「到期拆遷」、「雙 11 促銷」、「老闆改行」等促銷廣告往往能吸引更多的消費者，究其原因，就是因為這些帶有「巧合」性質的廣告內容，會給消費者一種暗示，讓消費者產生一種機會難得，一旦錯過便不會再有的錯覺，從而在這種心理的促使之下「慷慨解囊」。

雖然不排除真的有拆店、撤店等因素的特價拋售的可能，但是大多數這樣的廣告資訊，其實都不過是商家刻意為之，用來鼓動消費者購買的方法而已。等三天之後，你再次經過這間店鋪，或許會發現，原本說好租約到期，三天後撤店的店家，依舊好好地在那裡，根本沒有撤店的跡象。

所以，這些所謂的「巧合」，不過是商家為了多賺錢而刻意為之的結果而已。

前幾年，社會上出現了一種騙局，以下是張阿姨的受騙經歷：一次，張阿姨從銀行剛剛領錢出來。當時正值週末，路上的行人不算少。這時，在張阿姨前面的一個西裝革履的男子，正快步向前走去，從他的口袋裡，掉出來一個錢包。

張阿姨見了，急忙上前，剛想叫住前面的失主，她的肩膀就被人拍了一下。張阿姨回頭一看，一個年輕的男子正站在他身邊，一把撿起了地上的錢包，並示意她不要聲張。然後附在她耳邊輕聲說：「阿姨，這錢包就我們兩人看見了，見面分一半，我們找個沒人的地方把錢分了吧。」年輕人說著，不等張阿姨反對，便已經將錢包開啟，見裡面有一疊厚厚的鈔票和幾張金融卡。那個年輕人迅速將錢掏出來，然後連錢帶錢包一併塞進了她的口袋裡。

這時，原本已經走遠了的那個遺落錢包的人匆匆走了回來，一路左右張望著尋找，離兩人越來越近，那年輕人急忙嚇唬道：「錢都在您口袋裡了，一會兒他要問您可千萬別承認，不然萬一把妳當小偷，妳跳進黃河也洗不清了！」

在年輕人的連哄帶騙下，張阿姨一時也沒了主意，一方面，口袋裡的一疊錢讓她有些動心，另一方面，她也害怕被人當成小偷抓起來，猶豫之下那個失主已經走到了身邊，氣勢凌人地問道：「你們有沒有看到一個黑色的皮夾？」張阿姨見這人不怎麼好說話，更是不敢承認，支支吾吾地說了句：「沒……沒看見……」

丟錢包的人走後，那年輕人趁勢說道：「阿姨，我們不能在這裡多待了，兩個人一起走太引人矚目，錢包先放在妳那裡，我們十分鐘後在前面的社區北門會合，把裡面的錢分了。」

張阿姨一想，事已至此，何況剛才那一疊錢也確實不少，於是點了點頭。

見狀，年輕人繼續說道：「阿姨，雖然我相信您，但是畢竟第一次見面，這麼多錢，萬一您一個人跑了怎麼辦？這樣吧，您身上的零錢押給我一千元，我心裡才有底，等會兒分錢我少拿一千元就是！」

張阿姨想著，那一疊錢遠不止兩千元，又不敢把「贓物」拿出來，於是將剛剛從銀行取出來的錢，拿出一千元給了年輕人，年輕人拿了錢迅速離開了。

張阿姨膽顫心驚地來到社區門口，等了好久也不見那年輕人的身影，這時才有些覺得不對勁，急忙將錢包掏出來，才發現那一疊錢全是假鈔，這才明白，自己是中了騙子的騙局。

雖然無巧不成書，但是，有很多看似巧合的事情，其實是別人精心謀劃的一場騙局。

因此，無論對方是出於真心還是假意，你都要對巧合提高警覺，不要讓狡猾的騙子利用你將巧合看作天意的心理，來達到他們自己的目的。

「告訴你個祕密！」── 我要玩詭計了

幾乎每個人都遇到過這種情況，身邊的朋友、同學甚至是陌生人把自己偷偷拉到一旁，咬著耳朵對自己說道「我告訴你一個祕密……」

每每有此類情況出現，你的心裡就一陣激動，無論對方說的祕密是否與你自己有關，你總會覺得是得到了什麼不容易擁有的東西，從而欣喜無比。不過等冷靜下來，你也許就會發現，其實這欣喜很多時候是沒有道理的，因為那些祕密並不一定是我們需要或者想知道的，那麼既然如此，我們為何還會欣喜呢？

首先，是一種獨占意識在作怪。人都是自私和喜歡互相向高處比較的動物。一件東西，如果你有而他人沒有，你的心理就會得到極大的滿足。同樣地，一個祕密如果你知道而別人不知道，下意識中你就會具有一種莫名的優越感。

推銷高價商品的業務員特別了解人的這種心理，這讓他們能夠更好更方便地將自己價高於值的東西賣出去。

在賣東西時，他們先要讓顧客產生這樣一種想法：這件商品的價錢雖然昂貴，但卻是物有所值的。不過如果業務員把這話直接說出來，顧客的心中就必然產生「世界上哪有這種好事」的想法，所以業務員就會換一種說法，他們說「我找了半天就看到您一個人像能夠買得起的，所以我只推薦給你一個人……」，這樣會使你認為自己是個特定人物。許多商業信中寫著「你是中選者」或「你是從一萬個名額中選出來的」也是這個意思。

你在一家品牌店裡買下了一件十分昂貴的衣服，但當你給別人看的時候卻並未得到任何人特殊的評價，穿了幾天之後甚至連你自己也覺得自己是上當了。那為何這樣一件普通的衣服，自己當初卻心甘情願地掏錢呢？這完全就是那家店的老闆推銷手腕高明所致。

一進服裝店，老闆就親切地對你說：「這件大衣的價格的確太貴了，但是它的質料相當好。我們店裡也只有三件存貨，其中一件由某個公司的老闆周先生買去了，另一件也被副市長的太太訂購了，只剩下這一件，我們特別為您留著……」聽到這一番話，雖然明知道老闆是在奉承自己，但心中仍感到心滿意足。再加上買前兩件衣服的是社會上有頭有臉的人，能和他們相提並論，使你的虛榮心得到滿足，於是便痛痛快快地開啟荷包了。

由此可見，當對方故作神祕地告訴你一個「祕密」，尤其是當對方突出你是一個特定的對象時，你可就要小心了，這一方面是在以獲知「祕密」的「特權」來麻痺你，而另一方面則是想在你的虛榮心獲得滿足之後，從你這裡拿走些什麼。因而，當遇到「告訴你個祕密」這樣的話語時，如果是陌生人，你應該讀到的第一個弦外之音是 —— 我這是在騙你！

其次，「告訴你一個祕密」也是籠絡你的一種方法。「祕密」一旦由他轉移給了你，那麼在你們兩個人當中，也就形成了一種祕密的連繫，這樣很容易讓你對他產生認同感。很多人正是利用了這一點，不斷地以傳播「祕密」的方式來獲取支持。

政客是最擅長利用這一方法的了。比如，某個正在進行參選戰的政客被邀請參加記者會，在會上，他告訴對方如果自己獲選的話會提出怎樣的改革，並以洩漏最高機密般的口吻說：「這是非公開的。」這種「非公開」的「祕密」被反覆用幾次，與會的記者自然產生與這位政客同處一個戰壕的意識。下意識中，他會盡量避免報導不利於這位政客的事。換句話說，記者以為兩人享有共同的祕密，因此被對方所籠絡了。

在上國中的時候，你放學到體育器材室裡面找體育老師，當進入體育器材室的時候看到老師正在抽菸。老師一看你，有點不好意思，因為學校明令禁菸，於是便遞了支菸給你，叫你也一起抽，然後對你說：「不要告訴別人。」從此以後，你對這位老師的尊敬劇增，同時也產生了一種親切感。因為抽菸是學校的禁忌，老師和你共同保有這個祕密，使你在心中形成認同老師的共同意識。

當有些人需要籠絡敵人時，他們也會採取這個方法。例如，公司裡某個職員時常不服從上司，於是上司便把他叫到辦公室，和他談論起公司機密的事情來。「這個問題是高級幹部會議中討論事項之一，我想聽聽你的意見。」在這種情況下，職員就和上司慢慢產生了一種共同心理，慢慢就會變得溫順了。

當「告訴你一個祕密」這種情況出現時，你應該讀出的弦外之音是——我這是在和你攀交情。

無論是上述哪一種情況，當一個人神祕地對你提起「祕密」時，你都要提高警惕，對此最好的做法是不動聲色地聽他說什麼，然後看一看這些「祕密」是否和你有直接關係，如果沒有，那就要想一想自己和他之間的關係，看一看他在透露「祕密」的背後還藏著什麼蹊蹺。

「我並不想太高調！」——我需要你再三邀請

一部電視劇中，曾有這樣一個橋段：

主角是一位閒居在家的過氣教授，早已淡出了學界的視野，很久沒有人邀請他參加過活動了。

一次，他接到電話，邀請他去參加一個重要的場合。主角神情非常激動，顯得很開心的樣子，恨不得立刻答應，但是為了不讓對方看低了自己，還是故意裝出一副為難的樣子，說：「哎呀，最近有點忙，我得看看能不能抽出時間來。」

電話的另一頭依舊努力邀請，主角猶豫地說：「再說了，你也知道，我一向低調，那種場合不太適合我。」

等電話裡的人再三邀請之後，老教授才答應會出席。結果，剛放下電話，老教授便高興地朝著院子喊道：「老婆，快去把我的西裝找出來！」

中國幾千年的傳統文化，一直以謙虛、含蓄為美。因此，低調成為一直以來的行事作風，相比外國人的熱情奔放，中國人無論是在表達感情還是在為人處世方面，都顯得更加矜持內斂。

我們看古代許多的王侯將相，在被擁戴成為王者的時候，哪怕心裡再渴望，表面上也要裝出一副為難的樣子，常常要再三推辭，才能接受。

在武俠小說中，那些為了武林盟主之位私下裡爭得不可開交的人，在武林大會的公眾場合中，卻仍然要擺出一副謙謙君子的樣子，先推辭說自己能力不足，再推辭說自己無心於盟主之位，等到在場的一眾英雄豪傑爭相歡呼擁戴的時候，才以「卻之不恭」為由，坐上盟主之位。

《三國演義》中有一個被後世廣為流傳的典故：三顧茅廬。當年，身懷治世之才的諸葛亮隱居南陽，晴耕雨讀，不理世事。而心懷抱負的漢室後裔劉備，為了匡扶天下、興復漢室，求賢若渴。他為了請得臥龍諸葛亮出山相助，不顧頂風冒雪，三次親身前往南陽山中拜會。

在〈出師表〉中，諸葛亮有言：「臣本布衣，躬耕南陽，苟全性命於亂世，不求聞達於諸侯。」意思是說，自己原本沒有出山之意，只希望一輩子做一個南陽隱士，是被劉備的三顧茅廬所感動，所以才出山輔佐的。

但是，如果我們仔細分析諸葛亮的生平就會發現，事情並非他所說的這樣——如果他當真沒有於亂世中成就偉業的宏圖偉志，也不會時時洞悉天下局勢，更不會好為〈梁父吟〉。

所以，他之所以身負奇才與抱負卻遲遲不肯出山，只是因為他在等待一位明主的到來。

而之所以沒有在劉備第一次登門拜訪時就欣然答應，一方面是出於對劉備是否為明主的考量之意，考察他是否是真的如世人傳說的那般禮賢下士、賢德開明；另一方面，也是為了顯示自己的低調，配得上自己諸葛臥龍的美名。

當然，諸葛亮的選擇在當時可以說是明智之舉。因為在漢末亂世的年代裡，諸侯並起，數不清的武將與謀士四處奔走投靠，然而主公雖多，哪一個才是明主呢？許多人到頭來三番兩次地易主，更是一不小心就丟了性命，所以諸葛亮選擇退而自守。他一邊豐富自己，一邊以旁觀者的身分洞悉天下局勢，低調自持，遠比那些高調的人聰明許多。

所以，那些嘴上說著「不想太高調」的人，那些再三推辭面露難色的人，其實很多時候不過是抬高自己的一種策略。他們並非真的不希望這種情況發生，只是要故意表現出一種自己無意於此的狀態來，其實心裡對於這件事情是很渴望的，只是等待你的「三顧茅廬」而已。

確實，無論是古代還是現代，在我們中國人的思想中都有一個根深蒂固的觀念：良駒難覓，良將難求。在很多人的眼中，一個人越是有能力，越是德高望重，就越應該是忙碌的，是難以請到的。

所以，假設你邀請一個人出席某公眾場合或者會議，如果對方一聽說後便不假思索地滿口答應，那麼你的心裡對這個人的評價一定是低一等的，認為這個人沒有想像中的那麼有能力。

相反，如果各家公司、媒體爭相邀請，但是對方卻幾經推託，很難邀請到，那麼一旦哪一家成功請到他出席，那便會覺得非常有面子。

在這種社會觀念之下，很多人便習慣了「低調」，將這種低調當作抬高自己身價的一種方式。

所以，如果在工作或生活過程中，你需要邀請某個人，卻被對方的「低調」所拒絕的時候，不要輕易地沮喪和放棄。

要記住，「我不想太高調」是對方是在以此來試探你的誠意，或者以此來顯示自己的忙碌和身分，從而讓你更加重視他。

在這個時候，你應該表現出多一點的耐心和誠意，古代君王為了求賢尚且能夠三顧茅廬，我們多拜訪幾次、多打幾次電話又有什麼關係呢？

當對方感受到你的誠意，當你給足了對方面子的時候，不管對方是不是真心想要接受，他都會因被你的真誠打動而不好意思再反覆拒絕。畢竟，拒絕別人也是需要勇氣的。

「我是爲你好！」—— 我實際是爲了自己

在生活中，我們常常會聽到這句話：「我都是為你好。」但是，這世界上，真正是無私地為你好的人其實是寥寥無幾的。所以，我們不能盲目地將所有帶著「為你好」頭銜的意見建議全部接受，而是要做出自己最合理的判斷。

「我是為你好」，對我們說出這句話的人，可能包含兩種情況，第一種，是真心實意地希望我們好，比如我們的父母。這一類情況的出發點是好的。而第二種情況，表面上說是為我們好，其實不過是為了達成自己的某種目的，所以說白了，這些人所謂的「為你好」，不過是為了他們自己的利益。

父母是我們在這個世界上最親近的人，當子女做出的選擇在父母眼中不妥當的時候，父母往往會厲聲斥責或者苦口婆心地勸慰，提供自己的觀點，並以「我是為你好」的名義，強迫子女接受自己的安排。

所以，我們常常會從父母的口中聽到這類話：「我是為了讓你少走冤枉路」、「我過的橋比你走的路都多，聽我的準沒錯」、「你以後就會知道我說的話都是為你好」……

然而，很多選擇其實沒有對與錯之分，只有喜不喜歡、合不合適，即使是身為過來人的父母，給出的建議和安排也不一定是真正符合子女需求的。

很多孩子都面臨著這樣一些情況：

小的時候，父母為了讓他專心學習，考一個好大學，強制孩子將所有的時間都用在讀書上，抹殺了孩子其他方面的天賦和興趣愛好。等孩子長大了，雖然考上了好大學，卻可能會因沒能實現兒時的夢想而鬱鬱寡歡，也可能因自己沒有一項拿得出手的特長而感到遺憾甚至是自卑。

在填報大學志願的時候，大多數的父母往往是從學校的好壞、專業的就業率和就業前景等方面出發，來幫助孩子做出選擇的。但是，卻沒有考慮過孩子喜歡從事什麼行業，最終孩子不得不讀一個自己不感興趣的專業，迷茫痛苦。

在畢業找工作的時候，父母從工作穩定的角度出發，認為孩子只有回家鄉考一個公務員才是最好的選擇，工作既體面，又穩定，安安穩穩地過一生就是最大的幸福，然而，卻沒有考慮孩子自己是否希望回到家鄉去從事這份安穩的工作，他的心中是否有著更大的抱負和理想，也沒有考慮孩子的性格是否適合政府機關那種壓抑的環境，最終，孩子被迫做出選擇，在一份自己不喜歡的職位上憂鬱度日。

在選擇結婚對象的時候，父母出於為了孩子好的考慮，認為只有找一個家裡條件好的老公，後半輩子才能夠衣食無憂，因此對結婚對象的物質條件十分看重，但是卻可能因此而忽略對方的人品、性情，也忽略了孩子情感上的需求，最終越幫越亂……

「我是為你好」，一旦對方真心實意地從這一點出發，抱著為我們好的名義，似乎我們就應該無怨無悔地去接受，否則，就是不識好歹，就是不識好人心。

但是，永遠不要忘記，人生是你自己的人生，任何人即使是父母，也不可能代替我們去經歷和感受。

站在他們的角度看，或許公務員是最好的，物質條件是婚姻的保障，但是，站在你自己的角度看，可能有其他的東西遠比安穩與物質條件更加重要，這個時候，你就需要自己勇敢地做出選擇，因為人生沒有後悔藥，自己做出了選擇，以後在經歷風雨坎坷的時候，才不會輕易地後悔和抱怨。

而這種「為你好」的人，他們是真心實意地希望你能夠幸福，所以，對於這類人的意見，你可以選擇不去聽，卻不要辜負他們，要用更多的愛和關心來彌補他們。

但是，還有一類人，他們嘴上說著「我是為你好」，其實心裡卻並不是這樣想的。他們擺出一副為你好的架勢來，不過是為了能夠讓你更容易地去接受，從而實現他們自己的目的。

在古代歷史中，有許多的政客和說客，比如春秋戰國時期的縱橫家們。他們在各國之間遊說，為各國君主分析天下形勢，分析利弊得失。

這些政客，為了讓對方能夠與自己的國家聯合抗敵，往往打出「我是為你好」的旗號來，滔滔不絕地為對方分析戰局，告訴他只有接受自己的建議，才能在戰爭中成為獲勝者。很多國君就是被他們這種三寸不爛之舌所說服，最後乖乖聽命。

但是，如果你站在客觀的角度去分析就會發現，這些說客無論他嘴上說是多麼為了對方好，其實最終真正目的無非想利用對方為自己和自己的國家謀取利益而已。

在現實生活中也是一樣的道理，有許多人為了讓我們接受他的建議，常常會打出「為你好」的旗號，比如那些推銷產品的銷售員，一定會說「這件衣服你穿著特別顯瘦，為了突顯你的魅力，你一定要買」、「這個化妝品能讓你的皮膚變白，你一定要買」……

這些建議看起來都是從為你好的角度出發的，但是其真實目的不過是讓你購買商品而已，至於你是不是真的好看，他們根本不關心。

說白了，這些人所謂的「為你好」，其實是為了他們自己好。

對於這類人而言，你的好壞與他們毫無關係，他們為了自己的利益今天可以與你聯合成為朋友，明日便可能因利益的改變而毫不猶豫地成為你的敵人。

所以，當他們打出「為你好」的旗號的時候，你要冷靜地去分析，不要盲目接受對方所謂的善意，否則，便可能會中了對方的障眼法，成為被人利用的工具。

「歡迎你提意見」—— 其實我不想聽

在生活中我們常常會看到這樣一個有趣的現象：

在公車上、大樓裡或者一些餐廳、商店中，總會放著一個寫著「意見表」三個大字的單子，它們掛在很顯眼的地方，是用來讓行人、乘客、顧客留下自己的意見建議而使用的，但是，這些單子的旁邊，卻往往找不到一支可以用來寫字的筆。

給了意見表，卻不為大家準備筆，這個意見要怎麼寫呢？難道指望每個人出門的時候都自帶筆墨嗎？

我們常常用「做表面功夫」來形容那些明明不想做一件事情，卻為了面子或者為了表現功績而馬虎從事的現象。

比如，平日裡教室亂得一塌糊塗，但是一聽說檢查環境整潔的老師要來，學生們便匆匆忙忙地將教室打掃乾淨，老師一看，認為同學們很愛乾淨，於是頒發一面獎狀或者錦旗。

可是，如果你看到平日裡教室的亂象就會知道，檢查當時環境的乾淨整潔不過是表面功夫，其實平日裡大部分時間根本不是這個樣子。

這種現象的背後，其實反映了東方人一個有趣的心理 —— 愛面子。即使自己平日裡不是一個愛乾淨的人，家裡亂作一團，但是出門一定要打扮得光鮮整潔，給人一種很注重個人衛生的感覺；即使平日裡某機關的工作態度懶散，但是一旦主管前來視察，一定要表現出積極努力的一面……

這一切都是愛面子、愛客套的心理在驅使，所以，那些擺出意見表來給我們使用的人，其實並非真的想聽大家的批評建議，他們只是希望留下一個廣納建言的美名，所以才會留下一個明晃晃的「意見表」在那裡，所以才連用來寫意見的筆都不曾準備。

中國人愛客套，好面子，所以十分善於做表面功夫，在與人交往的時候，不論心裡的真實想法是怎麼想的，我們通常在言語上都會十分含蓄地留有餘地，而不是像西方人那樣將好惡全都擺在臉上。

所以很多時候，對方雖然嘴上說「歡迎你提意見」，其實心裡卻並不一定希望你如實說來，他們不過是客套一下，表現出自己的誠意而已。

古代有一類官職，被稱為「諫臣」，他們的存在意義，就是在皇帝身邊，隨時隨地地向皇帝提出各式各樣的意見和建議。

所以，你會發現一個有趣的現象——歷朝歷代，君王不管昏庸到什麼程度，他身邊一定會設立這一類官職，因為再怎麼昏庸無道的君王，他都希望自己在百姓眼中、在後世眼中是一個能夠虛心納諫的開明君主。

但是，在這些昏君當道的朝代，那些真的勇於直言進諫的諫臣們，卻通常沒有什麼好下場，畢竟君王只是讓他們在那裡撐個場面而已，真的赤裸裸地去陳列帝王的不足之處，那不是找死又是什麼呢？如果真的能夠做到虛心納諫，那又怎麼會是一個昏君呢？

同樣地，在現今社會裡也存在著很多這樣的現象，比如，我們去別人家做客，到了對方家裡，為了顯示熱情和誠意，主人往往會說：「有什麼需要儘管提」、「就當自己家，我哪裡招待不周的地方你儘管開口，千萬別客氣」……

這些話主人說來，不過是客套一下，這個時候，如果你真的把這些話當真，吃飯的時候，如實地告訴對方哪個菜鹹了、哪個菜淡了、哪個菜油放多了，估計主人的臉色會變得非常難看，以後你再想邁進對方的家門應該是難上加難了。

畢竟，人家雖然讓你別見外，讓你如實說出自己的想法，可是這些話終究不過是客套，沒有幾個人能夠在你挑完各種毛病之後還能眉開眼笑地繼續招待你。

所以，如果遇到這種情況，即使主人說要你儘管說，你也要客套地誇讚對方，對於一些不好的細節，睜一隻眼閉一隻眼就好，千萬不要「太實在」。

小鄭是個初來乍到的職場新人，進公司第一天，他的頂頭上司很友好地找他來談話。上司和藹可親地對他說：「我們公司很民主，也很人性化，我也很希望能夠跟你們這些年輕人打成一片，工作中你有什麼不明白的地方都可以問其他的同事，有什麼意見和建議，可以儘管來找我。」

小鄭很開心，也很慶幸，認為自己找到了一個很好的公司。為了不辜負主管的期望，也為了顯示自己的能力，小鄭每天非常積極地工作，在會議上也積極地提出自己的想法。但是過了沒幾個月，他卻覺得主管對他越發冷淡了。

他覺得可能是因為主管認為自己沒有剛來公司的時候努力了，所以更加積極地表現自己，每次開會的時候，都把對公司和對主管的建議、意見一一陳列，然後向主管提出來。

又過了幾個月，小鄭遭到了公司的解聘。

主管在開會的時候，常常會跟手下的員工說：「有什麼意見儘管提，我做得不好的地方一定會改正，大家一起進步。」

身為公司的主管，在下屬面前是很重視自己的面子的，他說希望你提意見，就算是真的希望能夠聽到下屬的真話，也不希望是在會議上這種公開的場合裡，這樣做，無疑會讓主管難堪。

即使主管當真提出要你給出建議和意見，你也需要認真考慮。先考慮一下主管的性情是什麼樣的，如果主管平日裡武斷並且自視甚高，那麼即使他讓你提出意見，你也不要提。

因為對不能夠虛心聽取別人意見的主管來說，你提出的中肯意見他不但不會接受，反而會因此對你好感度下降，最後吃虧的還是你，所以，既然他不是真心想聽意見，那不如乾脆不要說。

反之，如果你的主管是一個能夠虛心聽取下屬意見的人，這個時候，你要充分考慮到場合的因素，即使有意見要提，也要選擇私下裡只有你們兩個人的場合，而不要當眾提出，讓主管難堪。

所以在很多時候，即使對方提出「歡迎你提意見」的時候，我們也要具體問題具體去分析，分清楚客套話、場面話與實話之間的區別；否則，如果你聽不出對方的言外之意，最後只能是意見提不成，反而給自己找麻煩了。

「我一點也不介意」—— 其實我非常介意

「童言無忌」，是用來形容不諳世事的孩童說話做事全憑本心好惡的天真與直率。但是，身為一個成年人，如果在人際交往中也是毫無顧忌地說真話的話，則會遭受很多挫折甚至是白眼。

所以，我們在說話的時候，要明白哪些話該說，哪些話不該說，要有所顧忌，有所隱瞞。

明白了這樣一個道理，你就應該知道，從對方口中說出來的話，不一定是對方內心的真實想法，所以，你在判斷的時候，不能光聽對方說什麼，還要充分考慮各種前因後果。

小張和小李是大學時期住同一個宿舍的好哥兒們，畢業後關係一直很好，經常在一起聚會、玩耍，兩個人好得跟一個人似的，因此各自的惡習在對方面前毫不掩飾。

小張結婚後，小李依舊把小張當成自己的好哥兒們，同樣地，也就把小張的家當成了自己的家，一樣地無所顧忌。

一天，小張和小李約好了一起在小張家打電動。小李到了以後，剛好小張的妻子也在家。妻子忙前忙後地為兩人準備吃的、用的，而小張和小李則一人一臺電腦，連上了遊戲。這時，小李隨口問小張的妻子道：「我抽根菸，妳不介意吧？」

小張的妻子也不好說什麼，於是點了點頭，笑道：「不介意，沒關係，你抽吧。」小李於是點了菸，跟小張兩人開始了在遊戲裡對決。遊戲一玩起來，小李便進入了狀態，手中的菸一根接著一根，屋裡到處都瀰漫著一股嗆人的菸味，小張的妻子無奈將所有窗戶都開啟通風，卻還是被嗆得直咳嗽。

那天之後，小李意猶未盡，再次約小張，想去小張家裡打遊戲，結果沒想到這個相處了好幾年的哥兒們，卻突然支支吾吾地拒絕了。在小李的詢問下，小張才說出了原因，原來那天小李走後，小張的妻子因小李抽菸的事而和他大吵了一架，並強迫他同意，以後再也不帶小李到他家裡去。

小李很是生氣，抱怨道：「我抽菸之前明明問了，她自己說她不介意的，現在怎麼反倒怪起我來了！」

一個人嘴上說「我不介意」，不代表他心裡真的不介意，就像我們心裡明明很討厭一個人，礙於面子嘴上說著「我原諒你了」，心裡卻恨不得將對方千刀萬剮。

所以，一個人即使對你說了「我一點也不介意」，你也不要就單純地認為對方真的不在意這件事情，否則，就會像小李一樣，得罪了人還全然不知。

有一些情侶在分手後，男方依舊一頭霧水，不知道原因是什麼。

殊不知，每次你因忙碌而忘記了對方的生日、兩人的紀念日的時候，雖然對方嘴上說著「我不介意」，其實心裡已經默默地開始失落；每次你毫不避嫌地談論著自己的前女友，或者跟別的女孩子打交道的時候，雖然對方的嘴上說著「我不介意」，其實心裡對你的失望卻在一點點增加；每次下班看到別人的男朋友站在公司門口等候，而你總是因工作繁忙而推託的時候，雖然對方的嘴上說著「我不介意」，其實心裡卻早已認為你比起其他人的男朋友來還差了一大截……

所以，你認為她是突然提出分手，其實對方的每一次「我不介意」的背後，都是內心失望的累積，當這種累積達到一定程度的時候，分手便成為必然的結局。

這一切原本是可以挽回的，但是由於男方輕信了女孩口中的「我不介意」，認為這些事情不會成為導致兩人感情出現問題的因素，所以一拖再拖，最後才到了不可挽回的地步。

然而，這個世界上喜歡說反話的不止女人，在很多時候，人們都習慣於說反話。

比如，工作中，你三番兩次地因為私事請假，主管表面上說著「沒關係，我不介意」，心裡卻說不定已經為你記上了幾筆帳；

比如，約人見面，你屢屢遲到，對方表面上說著「我不介意，我沒等多久」，心裡卻暗暗為你的遲到而煩躁，決心以後再也不與你相約；

再比如，在車上，你將車窗大開，讓冷風吹進來，身邊坐著的人表面上說著「你開吧，我不介意」，心裡卻認為你是一個不懂得關心別人的自私之人。

在與人相處的過程中，我們往往礙於情面或者其他因素，不希望跟對方的關係弄得很僵，所以常常會說一些違心的話，當對方做出一些讓我們感到不舒服的事情的時候，通常我們會選擇隱忍，說一句「我不介意」，但是，如果對方因此真的毫無顧忌繼續如此行事，那麼我們的怒火便會燃燒起來。

這就是「我不介意」與背後的我介意之間的關係了。

所以，當一個人對你說出「我不介意」的時候，你不能把這句話當作一道特赦令，從而全然不顧及對方的感受。

俗話說，己所不欲勿施於人，與人方便才能與己方便。既然無法孤立地存在於這個社會，你就應該學會去顧及和考慮別人的感受；否則，如果你將對方的一句「我不介意」當作你可以任意為所欲為的特赦令的話，早晚會因此而吃虧的。

第八章

透過現象，輕鬆識破他的手法

所謂付出不求回報，大多是自欺欺人

這世界上能夠稱得上無私的、不求回報的愛，也就只有父母對於子女的愛了。

所以，除了你的父母以外，不管別人對你多好，都不可能是完全拋開自身利益、不求回報地對你好。不管你對別人多好，也不可能是完全拋開自身利益、不求回報地對別人好。

但凡標榜「不求回報」的付出，都不過是自欺欺人而已。

看到這個觀點，可能很多讀者會不贊同，認為這個世界上不可能沒有完全不求回報的付出。

你可能還會舉例子說，古往今來，有許多的民族英雄，他們為了保衛國家和人民，甘願犧牲自己的生命，視死如歸，馬革裹屍，這些人難道不是只問付出不求回報的嗎？

確實，連生命都願失去的人，看似一無所求，但是你有沒有想過，每個人所求的東西不同，可能對你來說，生命是最寶貴的，但是對有些人來說，氣節與名聲卻遠比生命還要重要。

他們寧可捨棄生命，也要維護自己對民族對國家的忠誠氣節；寧可捨棄生命，也要維護家族滿門忠烈的榮譽，只能說他們的追求比一般人要高尚。

精神層面的追求，同樣也是追求，他們用自己的鮮血和生命，換來國家和人民的平安，換來自己忠義的名聲，我們不能因為他們所追求的東西高尚，就把這些追求當作無所求。所以，從這個層面來說，這些民族英雄雖然高尚，依舊不能算作只問付出不求回報的。

也許你還會舉例說，那些學佛修道之人，當修行到一定境界，便能夠做到沒有得失之心，因此甘願自己承受痛苦，來度化他人，這樣的人一定可以算作只問付出不求回報的。

但是，你有沒有想過，這些修行之人，他們的修行為了什麼，他們心甘情願自己吃苦、自己吃虧，來幫助和度化別人，為的又是什麼？

自私一點的，是為了自己死後可以升天，為了自己下一世可以得到更多的福報，無私一些的，是為了追求更高層次的修行，為了普度眾生。

但這些需求，同樣也是他們所渴望的回報，所以，他們的修行也並非完全不問收穫的。

由此可見，這世上完全無私的付出其實是少到幾乎可以忽略不計的，絕大多數的付出，都或多或少地會摻雜一些個人的得失與利益渴求。

小凝是一個有著完美主義思想的女孩，她一直認為愛情就是應該天長地久、山盟海誓的。在現實生活中，她也是這樣定義自己的愛情觀的。

三年前，她喜歡上一個男生，決心一輩子不求回報地對他好。她為了他辭去穩定的工作，隻身跑到他所在的城市裡去，每天對他噓寒問暖，下雨天去送傘給他，他加班她就做好了晚餐幫他送到公司去，她一直無怨無悔地付出，什麼事情都以他為先。

可是前段時間，那個男生卻告訴小凝他談戀愛了，跟部門裡一個新來的女同事。小凝很生氣，很傷心，她纏著男生要一個解釋。

「我們不是朋友嗎？你又不是我的女朋友，我也沒給過妳任何承諾啊。」男生一頭霧水。

「我對你這麼好，我為了你付出了這麼多，你怎麼能這麼對我呢？！」小凝感覺自己受到很大的傷害，她不能接受對方談戀愛的事實。

「可是……我有選擇自己愛情的權利啊，妳對我好我就必須跟妳在一起嗎？」男生覺得她不可理喻，從此與她斷了聯繫。

你可能跟小凝一樣，覺得真正的愛情就是只問付出不求回報的，當我們真正愛上一個人的時候，是一心一意地付出，恨不得把天上的星星都摘下來給他。

但是，你有沒有想過，這份愛真的不求回報嗎？我們在心裡難道不是渴望對方也一樣地愛自己，不是渴望對方也一樣地為我們付出嗎？對方沒有這樣做，不是你不求回報，而是你求了，對方沒有給而已。

如果把求了沒有得到與不求回報畫等號，那不是自欺欺人，又是什麼呢？

或許這世界上真的有完全付出卻不希望對方給予回報的愛情，但那畢竟太少太少了，絕大多數的人在對對方付出的時候，內心裡都是有所渴望的。

因此，無論你要求別人不求回報地付出，還是標榜自己可以做到不求回報地付出，其實都是不可能做到的。

有一句話說得好：「對人類而言，對別人略施小惠，無非希望將來能收到回報。對一個人好，就是希望那個人也對自己好。世界上沒有不求回報的付出，真有人不求回報，那也是希望自己將來死後靈魂能上天堂。」

自私是人的本性，我們都希望自己過得更好，希望自己能夠心想事成，只是有些人在這基礎之上能夠更多地考慮到別人的需求，能夠將心比心，因此顯得更加有胸懷，更加無私一些。

但是，這世界上沒有任何一種勞作是不盼望收穫的，我們春天播種，夏天耕種，為的就是秋天的時候有所收穫，不是嗎？

自己付出了心血，付出了努力，付出了感情，誰又能完全不考慮自己的得失，完全置自己內心的渴求於不顧呢？

很多時候，我們在與人交往的時候，看似不求回報。比如，過年過節，我們上門拜訪朋友，主動幫助對方解決困難，這些付出在當下都是沒有考慮到回報的，沒有希望對方給出同樣的回饋。

但是，你不能否認的是，你這樣做是為了與對方加強交流，維護關係，而希望達到的結果，無非兩種：第一，你對對方很有好感，希望維持這份友情。第二，你認為你在日後可能會對他有所求。如果不是因為這些原因的話，我們不可能無緣無故地向人示好。

試想一下，如果你是希望跟對方建立友誼，可是對你的付出對方卻毫不感恩，依舊對你冷言冷語的話，你能堅持一輩子毫無怨言地繼續這樣對他好嗎？

如果你是希望日後能夠對他有所求，當你哪天遇到困難有求於他他卻置之不理的時候，你還能堅持繼續這樣毫無怨言地對他付出嗎？相信絕大多數的人都是做不到的。

所以，今天看似不求回報的事情，只能說明我們暫時沒有渴求回報，但是不代表永遠不求回報。如果你因此刻的付出而標榜自己是不求回報的話，那也不過是自欺欺人而已。

這世界上沒有無緣無故的好處，也沒有無緣無故的付出，無論是你對別人的付出，還是別人對你的付出，都不要再強調不求回報了，有得必有失，有失才有得。

「好心腸」的建議未必是爲你好

人人都有私心，不要祈求別人能一心一意地為你考慮，為你解決問題。

很多時候，一件事情可能牽扯到各方面的利益，即使是對你身邊最熟悉最信任的人，也不要太過依賴，畢竟人心隔肚皮。很多時候，看似為你好的「好心腸」的建議，其實卻隱藏著對方心裡的自己的盤算。

看過《三國演義》的人都知道，其中有一句著名的歇後語：「劉備借荊州，有借無還。」當時，曹操率大軍南下攻打劉備，劉備不敵曹操。存亡之際，諸葛亮主動前往東吳，憑藉三寸不爛之舌在東吳舌戰群儒，說服孫權出兵。

遠在長江南岸的東吳，原本與北方地區隔著天塹，諸葛亮為了說服孫權出兵幫助劉備，因此站在東吳的立場上，幫助孫權等人分析局勢利弊，告訴他孫劉兩家唇亡齒寒的關係，並且以瓜分荊襄九郡為誘餌，最終說服了孫權出兵與劉備聯合對抗曹操。

孫劉聯軍在赤壁大敗曹軍，獲得赤壁之戰的全面勝利。在這場戰役中，東吳出兵最多，為此損兵折將，然而諸葛亮卻在周瑜對抗曹兵之時，率軍搶占了荊州五郡，出力最多的孫權吃了個悶虧。之後孫劉聯盟的關係因為荊州問題幾度惡化。

為了限制劉備，後來東吳提出，要將孫權的妹妹嫁給劉備，結為親家。然而，孫權表面上是好心將妹妹許配給劉備，其實心裡卻謀劃著等劉備前來東吳迎親時將他軟禁在此。但是，孫權的計謀被諸葛亮識破，最後「賠了夫人又折兵」。

在這件事情中，諸葛亮打著為了東吳好的名號提出聯合的建議，借東吳的兵力解了劉備的危機，最後還坐收漁翁之利，獲得了南郡等地。他的「好心腸」的建議，說白了，不過是為了自己一方的利益。

而孫權打著為了劉備好的名號，提出將自己的妹妹嫁給劉備，看似一樁對劉備極好的事情，其實背後卻隱藏著自己的小算盤，希望以此來軟禁劉備。

這樣看來，他們所謂的「好心腸」的建議，其實不過都是欺騙對方的假象而已，真正為的都是借他人之手來達到自己的目的，為自己謀利。

王某與同事小吳關係很好，在他眼裡，對方是自己在公司裡可以無話不談的好兄弟，因此遇到什麼問題都去找他商量。某個假期前夕，公司在外地要開一個重要的會議，參會的人選定了兩個，王某因為希望假期多陪家人，所以放棄了這次出差的機會。

小吳聽說了這件事，主動跑來找王某，對他苦口婆心地勸說道：「這麼好的機會，你怎麼能放棄呢？你知不知道這次與會的幾個客戶都是我們明年要合作的大客戶，提前認識一下以後會省去很多的麻煩！再說了，假期期間，出差的薪資可以拿平時的三倍，趁機多賺點錢多好！老婆孩子什麼時候不能陪，還差這幾天嗎？」

王某覺得小吳給出的建議非常有道理，左思右想之後，還是接受了他的建議，利用假期出差去了。

然而，到了那裡才知道，其實那幾個與會的客戶並沒有小吳說的那麼大牌，不過是幾個小客戶而已。但是，王某也沒有多想。

出差回家以後，一次偶然的巧合，王某才發現，原來自己的妻子跟小吳正在偷偷地交往。被戴了綠帽子的王某在氣憤之下才知道，原來小吳勸說他出差，不過是為了給自己和他的妻子約會提供機會。

王某的案例是一個特例，畢竟像小吳這樣不道德的人並不多見，然而，他的遭遇卻還是能夠給我們一些可以借鑑的地方 —— 不要太過相信別人「好心腸」的建議，即使那個人跟你的關係很好。

電視劇《琅琊榜》中有這樣一句經典臺詞：「人只會被朋友背叛，敵人是永遠都沒有出賣和背叛的機會的。」

的確，對於敵人，我們都是慎之又慎，謹慎防備的，因此，我們的重要資訊，我們的弱點，敵人永遠無法知道，然而，這些別人無法掌握的資訊和情報，對於我們身邊的人來說，想要拿到卻是輕而易舉的。

所以，往往那些從朋友或者假裝是朋友的人那裡射出來的冷箭是最難以防備，也是最致命的。因此，擁有防範之心，其實沒有什麼壞處。

雖然我們不希望自己成為一個多疑的人，但是，「小心駛得萬年船」這句話自有它的道理，對於身邊的人，你可以真心付出，可以予以信任，但是，永遠不要太過信任和依賴別人，對於身邊人提出的看似為你好的建議，也要經過自己的大腦去思考和判斷，而不能被別人的思想所左右。

畢竟，這個世界上，因利益關係、因嫉妒心理、因偽裝欺騙而反目成仇的人太多太多了，盲目地輕信別人，最終吃虧的一定是自己。

即使朋友給出的建議真的是出於好心，並沒有害你之意，但是對方的建議也不一定是適合你的，畢竟你不能要求對方像了解自己一樣地了解你。

所以，即使對方的建議是出於為你好的考慮，是真心實意地從你的角度出發的，你也要有自己的判斷和思考，不要奢求別人能完全站在你的角度上考慮。再怎麼樣，他不是你，就無法完全了解你的想法和需求。

當心突如其來的熱情

人與人之間的交往，貴在真誠。所以，面對那些為我們付出了熱情和真誠的人，通常我們都會心存感激，並且會對對方產生好感。

但是，有一種熱情卻需要我們謹慎對待，那就是陌生人或者不那麼熟悉的人突如其來的熱情。

有些人可能會認為，世界上好人遠多於壞人，因此不必那麼小心翼翼的，何必把別人都想像得那麼邪惡呢？

確實如此，這個世界上好人永遠是多過於壞人的，很多時候，陌生人之間的幫助和熱情也都是出於善意的，我們不應該因為害怕遇到壞人，就冷漠地拒絕所有人的熱情和關心。

但是，你不能否認的是，這世界上還總是有那麼一些人，他們為了自己的利益可以利用甚至是陷害別人，對於這類小人，如果你沒有防範之心，那麼就會成為任人宰割的魚肉。

所以，真正明智的人，不會輕易猜疑別人，不會籠統地將所有向自己示好的人都當作壞人來對待，但是，也絕不會輕易地去相信別人，而是透過自己理智的判斷去做出最準確的結論。

在各種寓言故事中經常會出現類似的情節：狐狸作為狡猾的捕食者，為了將兔子、鳥兒等其他小動物變成餐點，都會偽裝成一副熱情善良的樣子來，主動與那些小動物們搭訕，非常熱情而真誠地誇讚對方，等到對方防範之心降低的時候，便輕而易舉地將它們變成自己的盤中飧了。

俗話說，天下沒有免費的午餐，同樣的道理，天下也沒有無緣無故的熱情。

所以，我們不排除陌生人之間的熱情互助有出於善意的可能，但是，對於那些背後可能隱藏著利益關係甚至是致命陷阱的熱情，卻不得不做好警惕與防範。

林清是北京某公司的職員，年近三十，由於常年坐在辦公室裡，缺乏運動，因此身體有些肥胖。為了能夠恢復好身材，她開始關注一些減肥機構的廣告。一次，她路過公司附近的一家減肥機構，恰好這家機構正在店門前做宣傳。一位年輕漂亮的銷售員見了她便非常熱情地上來打招呼，說道：「美女，我們店裡在做活動，現在辦理減肥套餐有五折優惠，我來為您介紹一下吧。」

見林清有些猶豫，銷售員繼續說道：「美女您看您皮膚這麼好，五官長得又這麼漂亮，要是瘦一些，一定是一個大美女。我們女人啊，身材就是本錢，那些長得不好看的人都拚命地想瘦下來，您這麼好的先天條件，只要跟著我們的減肥套餐走一期，60天的時間，保證您瘦十公斤！」

聽到這裡，林清有些心動了，於是問道：「可是我每天上班，沒有那麼多時間運動啊。」

「美女，我們的套餐是專門針對辦公室白領族群的，是由專業的營養師和按摩師定製的，按摩與飲食相配合，不用吃藥不用運動，輕輕鬆鬆就能瘦下來。」

在銷售員的熱情介紹下，林清深信不疑地買了該套餐。結果，營養師給出的減肥食譜一拿到手她就傻了眼——食譜裡沒有主食，沒有油，照這個吃法吃兩個月，怎麼可能不瘦呢？林清將這份不健康的食譜拿到店裡，希望營養師幫忙重新定製，然而已經收了錢的店員再也不像之前那樣熱情了，隨口說了句：「想減肥不吃苦怎麼行！」便去招待別的客人了。

林清氣憤萬分，卻也無可奈何，害怕身體會被弄垮，這份食譜也沒有照吃，結果幾萬塊錢就這樣浪費了。

很多時候，那些突如其來的熱情，很可能是醉翁之意不在酒，而是有著其他目的。

試想一下，兩個陌生人之間，如果不是有事相求或者有利可圖，誰會平白無故地拉住你又是讚美又是攀交情地顯示自己的熱情呢？

所以，面對陌生人突如其來的熱情，你要謹慎對待，通常在一番熱情的話語過後，他們會流露出自己的目的性，比如，向你推銷產品，或者向你詢問某些事情等等，這個時候你要理智地去分辨，不要被對方的熱情沖淡了防範之心。

還有一些時候，那些原本是好朋友或者原本有過接觸的人，在很久沒有過聯繫之後，突然很熱情地與你聯繫，這個時候，你也應該有所警惕。

因為長久不聯繫的兩個人之間，一方突然顯露出異常熱情的樣子，又是關心你的生活，又是勾起以前的回憶，通常都是有所目的的。

比如，他或許突然需要你的幫助，或許遇到難處想找你借錢，或許他要結婚了希望你去參加婚禮等等。總之，這份熱情的背後一定暗含著某種目的，但是由於長久不聯繫，害怕直接將目的說出口會讓你難以接受，所以要先熱情一番，避免尷尬。

當面對一個失聯了許久的朋友突如其來的熱情的時候，我們可以一邊坦然地與他交流，一邊觀察和引導他說出自己的真實目的，然後根據實際情況做出自己的決斷。

當然，在沒有弄清楚對方目的之前，還是要有所防範的，相信你也聽過不少大學生被很久不聯繫的朋友騙到傳銷組織中去的案例。

當然，面對別人的熱情，需要警惕與防範，卻也不必太過敏感，如果敏感到看誰都不像好人，最後影響了自己的正常人際交往，那就是過猶不及了。

準確獲取女人的「求助」訊號

每個人都有過求人辦事的經歷，每個人也都曾經有過幫別人辦事的經歷，人際交往便是如此，相互幫助，相互依賴，從而共同組成一個巨大的人際關係網。

但是，並非所有的求人辦事都是單純地為了辦成事情，而是可能有著其他的目的。

這句話聽起來有些莫名其妙，但是如果舉例說明，便很好理解了：

比如，你喜歡上一個眼科醫生，你們兩個原本只是很普通的朋友，見面的機會很少，為了與他多見面你會怎麼辦呢？當然是找藉口，而最好的藉口，就是謊稱自己或者自己身邊的親人朋友眼睛不舒服，從而請他幫忙看病，以此來增加你們見面的機率。而這件事情看起來是你在求對方辦事，實際上卻是醉翁之意不在酒了。

在一次聚餐上，小陳認識了也在北部發展的女孩姜雪，在當天的酒桌上，兩個人經人介紹後相談甚歡，便互留了聯繫方式。兩天後的下午，小陳突然接到姜雪的電話，說自己遇到了一些難事，想找個人商量，希望小陳可以幫助她。女孩開口請求，小陳沒有不答應的道理，便在電話裡應允，答應下班後去找她。

放下電話，小陳覺得有些奇怪，畢竟自己跟姜雪才認識了兩天，只在那天的聚餐上見過一面而已，據姜雪自己說，她在北部發展已經有幾年了，熟識的朋友肯定不少，怎麼會遇到事情不找熟悉的朋友，反而找自己這個剛認識了幾天的陌生人呢？

雖然猶疑，但是小陳下班後還是按照地址前往赴約。兩個人在姜雪家附近的咖啡廳裡見了面，小陳看姜雪一臉開心的樣子，似乎也沒什麼要緊的事情，於是詢問她有什麼事情需要自己幫忙。姜雪支吾了半天，說自己白天在公司受了點委屈，心情不好，現在好多了。兩個人於是閒聊了一會兒，小陳便送她回家了。

後來，姜雪三番五次地約小陳出去，兩個人關係越來越好，不久後便成了情侶。

在大多數人的觀念中，認為女性是社會上的弱勢群體，因此男性幫助女性解決困難似乎是天經地義的事情。

但是，人與人之間的信任與依賴程度，絕大多數情況下都是與彼此之間的熟識程度成正比的。通常，在遇到困難的情況下，我們首先想到的求助對象，一定是親人、好朋友、鄰居等關係比較熟悉和親近的人。只有在出門在外等特殊情況下，才會向陌生人求助。

那麼，當一個關係不會太熟悉的女性，突然向某個特定的男性發出請求訊號的時候，她真的只是為了求助嗎？這背後暗含著女性的哪些想法呢？

比如上面例子中的姜雪，她有許多好朋友，卻開口向一個只見過一次面的男性求助，並且也說不出什麼具體的求助理由，這個時候，我們有理由認為，她的求助不過是一個藉口，而真正的目的，其實是希望藉此來創造與小陳見面、交往的機會而已。

相對大多數男性的積極主動，女性在感情方面通常是含蓄而被動的。所以，當一個女性對一個男性有好感的時候，一方面心裡希望與他多交流和接觸，另一方面又不敢或者羞於直接邀約，於是便希望透過一些藉口來作為偽裝，讓自己的主動看起來不是那麼明顯。這個時候，有求於對方就成為一個很好的藉口。

除此之外，由於女性的相對含蓄與自尊心強，她們在對一個人有好感的時候，往往會希望自己是被表白的對象，而非主動表白的一方，所以，如果直接以「我喜歡你」的方式為開場白，女性會覺得自己很沒面子，而且也畏懼一旦被對方拒絕之後的尷尬和傷心。

為了避免主動表白的不利後果，她們會透過其他方式來婉轉地表達自己的心意。在這種情況下，如果男性也同樣擁有好感，便可以主動予以追求；如果男性不想接受，雙方也可以有一個臺階，不至於非常尷尬。

因此在女性主動的戀愛關係中，使用求助這種類似的藉口屢試不爽。

所以，如果一個沒有熟識到可以與你商量事情的女性，主動地找你商量事情，求助於你，或者她所求助的事情是你不擅長也幫不上什麼忙的，這個時候，你很有可能便是要遇到一場桃花運了。因為這些很有可能是她的藉口，她的目的是希望多與你接觸，甚至進一步希望與你發展關係。

在這種情況下，如果男未婚女未嫁，並且你也對她同樣很有好感的話，那麼你就要好好把握這一桃花運了，畢竟兩情相悅是一件很幸福，也是很難得的事情，趁熱打鐵便可以成就一份好姻緣。

但是，如果你不能明白女方的意圖，發現她所求助的事情是你無法解決的，便一口回絕，白白浪費對方的一番苦心，那就是不解風情了。

但是，如果你已經有了談婚論嫁的對象，或者你對這個女性沒有好感，這個時候，你應該明確向對方表態，拒絕她的主動，並且向她暗示自己的專一，不要假裝不明白對方的心意，讓兩個人的關係持續曖昧下去，最後讓這段桃花運變成桃花劫，弄得兩敗俱傷。

當然，並非所有有事求助於你的女性都是對你有好感的，有些時候，很可能對方真的只是有求於你。

所以，對於這兩者之間的區別你要能夠做到很好地區別，不要在對方傾心於你的時候不解風情地幫對方解決問題，也不要在對方真的需要你幫助的時候誤會對方的意圖，與對方搞曖昧，否則一旦弄錯，將會面臨十分尷尬的局面。

從不接辦公室電話的人都在想什麼？

在工作場合中，有這樣一類人，他們不喜歡接聽辦公室的各種電話，吵鬧的電話鈴聲在他們耳中彷彿不存在一樣。這一行為看似懶惰的小事，其實背後卻蘊含著十分複雜的心理狀態。

余翔是一位八年級的畢業生，因畢業於知名大學而被高薪應徵到某公司工作。但是才剛剛工作了幾個月，余翔在同事之間的評價便不太好了，大家都認為他懶惰、自大，目中無人，更因此讓整個公司對八年級的評價都有所降低。

原來，余翔有一個很不好的習慣，就是不喜歡接電話。眾所周知，辦公室的電話，打來的人不是客戶就是有重要事情的人，每錯過一個電話都可能會損失一單生意。因此，其他同事在工作的時候，恨不得在上廁所的時候都把電話帶到洗手間去，以防止錯過某個重要的電話。可是余翔卻不同，雖然身為剛到公司的新人，接電話是自己分內的工作之一，但是每次他身邊的電話響起，如果沒有人來接，就算電話響個幾分鐘，他也依舊像沒聽見一樣，若無其事地做著自己的事情。一旁的同事雖然忙得不可開交，無奈之下還是要趕過來接電話。

久而久之，大家都在心裡暗暗生氣，覺得余翔太懶惰了，連電話都不願意接。因此，很多同事與他關係十分不好。

辦公室是大家一起努力打拚的地方，很多時候，就算這個電話不是找我們的，但是眼看同事正在忙，沒時間或者不方便接電話，我們都會幫忙接一下。

但是，有這麼一類人，不但不會幫同事接電話，而且連打給自己的電話也不願意接，還要同事分身來接電話，這些人的心裡到底是怎麼想的呢？

據行為學家分析，這種無視電話，不願意接電話的行為，通常存在於兩種人身上：第一種，是自我為中心，對自我評價過高的人；第二種，是過度自卑，有逃避傾向的人。

我們首先來分析一下第一種人的心理。對於某些自視過高的人來說，他們對自我的評價超出一般，對自我的要求也是很高的，因此，在他們眼中，總是認為自己高人一等，認為自己的能力和時間應該用來完成更有意義、更有價值的工作，而不應該浪費在接電話這種任何人都能夠完成的小事上面。

因此，在他們的心裡，認為接電話是一個會降低身分的工作，是應該由那些沒有自己能力強的人來完成的雜事、瑣事，所以，他們對於這件事情感到不屑。

職場中，有這種不接電話習慣的人，很多其實都是有過人之處的人，他們有著別人難以企及的高學歷，或者因某種出色的能力而受到主管的器重，因此自視甚高，認為自己是高人一等的，低頭接個電話這種毫無內涵和價值的小事，根本不應該來打擾和耽誤他這種高水準人的時間和精力。

這便是為什麼，即使他坐在辦公桌前無所事事，也懶得動一動手接起辦公室的電話。

如果你身邊不喜歡接電話的同事是屬於這一類的人，那麼你可以改變與他的交流方式，這種人通常是吃軟不吃硬的，喜歡別人給他戴高帽。

所以，如果你用有求於他的方式來讓他接電話，比如，你告訴他這個客戶很難纏，你搞不定，只有他才有能力搞定這個客戶，這個時候，為了彰顯自己的能力，他便會很樂意把電話接起來了。

接下來，我們來分析一下第二種人的心理。對於很多自卑的人來說，遇到事情逃避是他們長期養成的一種應對事情的反應。

比如，他們覺得自己比不上別人，便乾脆不給別人對比的機會，他們覺得自己完成不了一件事情，便會一開始就不讓這件事情發生。這種迴避心理是一種自我保護機制，在很多自卑的人身上都或多或少存在。

而接電話這件事，對於一些有自卑傾向的人來說，是一個不舒適不安全的領域，因為電話另一頭充滿著未知，而電話的交流過程又不允許你有充足的考慮和應對的時間，在這種情況下，他們會感到壓抑和恐懼，害怕電話的另一頭是一個自己無法應對的局面，所以，與其接起電話，讓自己處於可能存在的未知風險之中，還不如一開始就採取逃避政策，不接起來就好。

尤其是在辦公室這種場合，有很多人在場，自己不接電話，總會有別人來接，所以，將這份風險與未知交給別的同事來解決，便成為他們逃避困難的最好方式。

如果你身邊不喜歡接電話的同事，是一個膽小怯懦的自卑之人，那麼你可以去用心地引導和幫助他，戰勝自己的恐懼心理。

人是習慣於累積經驗的動物，如果在你的幫助之下，他能夠累積越來越多成功接電話的經驗，那麼隨著成功次數的累積，他的自信心也會得到進一步的提升，這不僅對他改掉不喜歡接電話的壞毛病，甚至對他整個人生都會產生十分正面的影響。

如何應對愛發牢騷的人？

人生在世，永遠不可能是一帆風順的，俗話說，「人生不如意事十之八九」，我們每個人每一天都會面臨各式各樣的煩惱，小到不小心弄髒了鞋子，大到親人逝去，人生就是由各式各樣的快樂與煩惱交織組成的。

當遇到煩惱的時候，我們都希望能找到一個發洩的出口，而與身邊的親人、朋友傾訴，就成為發洩煩惱的一個很好的途徑。

所以，發牢騷其實原本是一件很正常的事情，絕大多數的人都曾經有過向別人發牢騷，或者聽別人發牢騷的經歷。

但是，生活中有這樣一類人，他們太過愛發牢騷，讓人覺得他的生活中只有煩惱，沒有快樂，好像他的眼中沒有一個好人，誰都對不起他，就愛挑別人的毛病。

這些人的生活難道真的比別人不幸嗎？難道所有不好的事情都偏偏找上他嗎？其實不然，愛發牢騷的人不一定真的比別人不幸，只是因為心胸不夠開闊。

余琦和譚笑是大學室友，因為一起上課下課，一起吃飯回宿舍，所以自然而然地成了形影不離的好朋友。但是在做朋友不久後，譚笑便有意地疏遠余琦了，原因是她受不了余琦愛發牢騷的毛病。

正常的好朋友在一起，雖然也會偶爾發發牢騷，但是大多數的時間都在分享快樂的事情，一起出去玩，相互交流心事，共同學習共同進步。但是，和余琦在一起的日子，譚笑每天要做的事情就是聽她發各式各樣的牢騷，今天餐廳打飯的阿姨故意少給她菜、論文指導教授讓她找偏題的資料故意為難她了、宿舍的另一個女生在背後說她的壞話了、網上買的衣服到貨時間延遲了、父母只知道關心她的學業不知道關心她的生活了、班級裡的同學與她搶座位聯合起來為難她了……總之，不管是大事小情，每天嘮嘮叨叨總是在說著別人怎麼對不起她，她的遭遇多麼艱難，彷彿這世界上的所有人都是對她不懷好意的，所有的壞事都讓她攤上了。

如果余琦的生活真的很艱難也就罷了，但是身為室友的譚笑很了解余琦的生活，知道她雖然不是各方面都特別出眾的人，但也是比上不足比下有餘的，比起那些勤工儉學的同學來，不知道要幸福多少倍。所以，譚笑覺得余琦不可理喻，對她愛發牢騷愛抱怨的性格非常不喜歡，每次她在譚笑面前抱怨這個不好那個不對的時候，譚笑心裡都在默默地回敬她一句話：「妳以為其他人都想為難妳，其實其他人根本沒空理妳！」

久而久之，譚笑覺得跟余琦相處下去，自己的人生都變得灰暗了，所以她開始疏遠她，去跟別人做朋友。令譚笑沒有想到的是，自從自己交了別的朋友之後，自己也變成了余琦口中發牢騷的對象，余琦逢人就抱怨說譚笑如何背信棄義，如何喜新厭舊，讓譚笑覺得非常沒有面子，於是譚笑更加堅信自己的做法是對的。

余琦愛發牢騷，其實與她的遭遇是否不幸沒有多大的關係，而是因為她性格上的悲觀與狹隘。

這個世界上有很多生活非常幸福卻身在福中不知福的人，卻也有很多在不幸中依然樂觀生活的人，所以，一個人面對生活的態度是樂觀的還是消極的，與生活本身無關，而取決於一個人的心態。

同學聚會上，小趙與小鄭都來晚了，等他們到的時候，同學們已經快吃完了，桌子上只剩下半盤菜，小趙看了，心裡很不開心，暗暗抱怨同學們不等自己就開始吃了，只留下半盤菜給自己，而小鄭見了卻很開心，心想我遲到了這麼久竟然還有半盤菜可以吃，真是太好了。

同樣的一件事情，在悲觀者和樂觀者的眼中，會呈現出不同的色彩。

俗話說，世事無絕對，有得必有失，任何一件事情都不可能是完美無缺的，得到一樣東西，就可能會失去另一件東西，悲觀者習慣於站在缺憾的角度去看待問題，遇到事情，首先想到的是不好的一面，而樂觀者卻正相反，他們會首先看到事情好的一面，給自己信心和快樂，也讓別人感受到他積極向上的心態。

陽光與陰影總是形影相隨的，樂觀者就是選擇面向陽光背對陰影的人，而悲觀者就是選擇面對陰影背對陽光的人。

而愛發牢騷的人其實就是典型的面對陰影背對陽光的人，他們總是能敏銳地抓住每一件事情的陰暗面，卻對事情陽光的一面視而不見。

別人約會遲到，可能是無心之過，但是在愛發牢騷的人眼中，卻是對自己的不重視和不尊重；愛人一次疏忽沒有考慮到對方的感受，在愛發牢騷的人眼中，就意味對方的變心和感情的不復存在……

由於內心各式各樣的負面因素不斷累積，他們為了尋找發洩方式，便會不停地向身邊的人抱怨，以此來發洩自己心裡的負面情緒，讓自己變得舒服一點。

說白了，這種人就是我們常說的小心眼，喜歡把別人往壞處想，抓住雞毛蒜皮的小事也沒完沒了。在與這類人接觸的時候，也需要掌握一定的技巧和方法，能忍則忍，但如果你實在聽不慣他們的牢騷，那就只能敬而遠之了。

第九章

不入人心，就看不清世界的真相

他並沒有那麼真誠

真誠，一直以來都是人們所追求和推崇的一種人與人之間交往的態度。一個用真心來與人交往的人，能夠給人可以信任和依賴的感覺，因此很受歡迎。

真誠固然好，但是，真誠也有真有假，一個人真誠與否，有時候是難以辨認的，表面上看起來很真誠的人，不一定就是真的真誠，而表面上看起來靠不住的人，卻可能有著一顆真誠的內心。

那些假真誠的人，會在你面前表現得像一個正人君子一般，處處體貼你、幫助你，表現出一臉大公無私的樣子來，讓你覺得自己很幸運遇到這樣一個真誠的人。但是，等他獲得了你的信任，在背地裡就說不定正在算計著如何從你這裡獲取利益，以達到他自己的目的呢。

等到最後你發現自己被利用被算計了，對方早已經「功成身退」，你再後悔卻為時已晚了。

劉女士在連假期間帶著女兒去商場購物。正巧商場一樓的手機專賣店正在打折促銷，劉女士見了，想到自己的手機剛好舊了，便上前去仔細詢問，看看有沒有適合自己的手機。銷售人員見了劉女士，非常熱情地上前來為她一款一款地做介紹。

劉女士看中一款中等價位的手機，正非常滿意地欣賞著，銷售人員卻一臉真誠地對她說：「女士，我們店裡最講誠信，從來不隱瞞手機的效能缺陷，您選中的這款手機，CP 值比較高，但是卻也有一些不足的地方。」

劉女士一聽，急忙問：「有什麼不足？」

「這款手機出廠已經一年多了，您也知道，像手機等電子產品，更新換代非常快，您要是現在買了這種快淘汰的型號，用不了多長時間就落伍了，到時候修手機都找不到合適的配件。」

劉女士聽了，覺得她說得很有道理，於是繼續問：「那你覺得我該選哪款呢？」

銷售人員左右看看，故作神祕地低聲說：「跟您說實話，我們老闆也是要賺錢的，所以打折促銷的手機，都是已經快被淘汰了的型號，您與其貪圖這點小折扣買一支快淘汰的手機，還不如多添幾千塊錢，買一個不參與打折促銷的新款手機。不僅功能更多更先進，而且用個兩三年肯定沒問題，算起來，比打折的還要划算。」

聽到銷售人員這麼真誠地跟自己坦承，連店家打折的內幕都告訴自己了，劉女士覺得這位銷售人員比那些只說好話，隱瞞產品缺點的銷售人員要真誠實在得多，於是便欣然購買了銷售人員推薦的那款新款手機。

兩天後，劉女士去見一個朋友。那個朋友對電子產品比較內行，見了劉女士的新手機，便搖頭道：「妳怎麼買了這款手機啊？這個手機功能雖然多，但是大多數功能都是沒什麼用處的，還占用手機記憶體，而且多了這些功能，價錢比相同配置的手機貴了很多，一點都不划算。」劉女士聽了，這才知道自己被騙了。

隨著社會的進步，人也變得越來越精明，一開始那種只顧誇讚商品好處，卻隱瞞商品的不足，將母豬吹噓成大象的推銷方式，已經能夠被很多消費者輕而易舉地識破了，畢竟誰也不會傻到一次次購買還一次次上當。

所以，當商家透過自賣自誇的方式來打廣告，宣傳商品的時候，很多消費者不但不會買帳，反而會對該商品和賣家產生反感。

為了迎合消費者的心理，很多商家開始改變戰術，採取一種先抑後揚的方法，將商品存在的一些小瑕疵、小缺憾先提出來，讓消費者覺得這個商家很真誠，然後再詳列商品的優勢，這樣一來，消費者便會認可商家的做法，不但會更樂意購買產品，而且還會因此增加對該商家的好感度和信任程度。

這種自我批評的推銷方法，說白了，就是偽裝真誠來騙取信任的一種方法。

所以，當面對這種假真誠的時候，我們需要格外小心，因為比起不真誠，假真誠更容易讓我們卸下防備，上當受騙。

辨識假真誠，首先要從你與對方的利益關係角度出發。

當一個人在你面前表露出真誠的一面時，你要先考慮一下，你們是什麼樣的一種關係，對方是否在你身上有利可圖。

如果答案是肯定的，那麼你就要小心了。比如上面的例子中，那位售貨員與劉女士，是買家與賣家的關係，售貨員在劉女士身上是有利可圖的，所以，劉女士輕易相信對方，其實就是給了對方在她身上謀取利益的機會。

所以，如果一個人是希望在你身上謀求利益的，那麼他的真誠多半就是假真誠了。

當你清楚了你與對方之間的利益關係，便可以更加清晰地做出判斷，而不會被對方的假真誠所矇蔽，糊裡糊塗地被對方牽著鼻子走了。

除此之外，還要注意一點，就是在別人的真誠面前，不要貪小便宜。

通常，對你有企圖的人，為了表現自己的真誠，首先要做出一些讓步，讓你看到一些蠅頭小利，這個時候，如果你貪圖這一點小小的利益，便會如同受到誘餌引誘而上鉤的魚一樣，輕而易舉地受到對方的牽引和擺布。

憤怒的背後，卻是恐懼

在電影《三人行》中有這樣一句對白：「你憤怒是因為你怕啊，憤怒的背後是恐懼。」這句話中所包含的心理學理論並非毫無依據的。

美國著名心理學家斯坦頓．塞姆諾的一個心理學的著名論斷是：憤怒是具有破壞性的一種負面情緒，會造成人際關係的疏遠，導致情感上、身體上和經濟上的損失。然而，很多的憤怒其實來源於恐懼，因為害怕無法控制局面，或者害怕情勢發展威脅到脆弱的自我，因此將自我形象建立在對別人的控制之上，從而產生憤怒。

我們都知道，情緒分為很多種，喜、怒、哀、樂，焦慮、煩躁等。然而有心理學研究顯示，人所有的外在情緒發洩，其實都是源於內心深處的兩種情緒：愛與恐懼。

也就是說，喜、樂、幸福等種種正面積極的情緒發洩，都是源於心中的愛，而焦慮、悲傷、憤怒、煩躁等種種負面消極的情緒發洩，則都是源於恐懼。

因此，其實絕大多數的憤怒，都是源於我們不想面對的恐懼，我們透過憤怒的方式來將自己心中隱藏的恐懼表現出來，希望透過自己的怒氣來改變事實，或者讓那些對我們造成恐懼的人來為我們的怒氣買單。

如果你不相信這個觀點，那不妨考慮一下，自己平時都是因什麼樣的事情而生氣。

蔣女士最近遇到一個讓她很頭痛的問題，她十四歲的兒子進入青春期之後，開始變得暴躁易怒，而且自甘墮落，不好好學習，每天跟著一幫小混混去網咖玩遊戲。她三番兩次地勸說，甚至打罵過，可是兒子卻變本加厲，乾脆連家都不回了。

無奈之下，她請來了一位心理醫生，希望能夠透過心理醫生的幫助讓孩子聽話一些。

心理醫生與她的兒子進行了一次幾個小時的談話，談話結束後，心理醫生的話讓蔣女士感到震驚——醫生的結論是，孩子之所以變得性格暴躁，不求上進，其實根源在父母。

因為蔣女士與丈夫兩年前離婚了，孩子從那以後便開始變得暴躁易怒，動不動就大發雷霆，甚至跟鄰居大打出手，而心理醫生認為，其實這種憤怒的背後，是孩子害怕失去，害怕被拋棄的心理在主導。

父母的離異對孩子而言，意味著一種拋棄，他覺得原本可以成為自己依靠的港灣突然破裂，帶來的後果就是父親和母親會再各自組成自己的家庭，而他將成為一個多餘者，他將不再擁有一個溫暖的家庭，不再擁有父母全心全意的愛護，所以，他們將這種恐懼轉化為怒意，對父母發脾氣。

同樣地，在外人面前，他害怕自己成為別人眼中被遺棄的孩子，害怕別人因此而瞧不起自己，害怕外界的風言風語。所以，他一方面透過憤怒的方式來發洩自己的不滿，另一方面也希望自己不是那個任人欺負的弱小者，而是可以以一種盛氣凌人的姿態站在大家面前。

同樣，在夫妻關係中，憤怒也是雙方存在的一種情緒發洩方式。

很多原本和諧的夫妻關係，因一方無緣無故的發怒而最終走向破裂。但是，如果我們仔細去分析，就會發現在夫妻之間，很多的憤怒都是來源於恐懼。

比如，當妻子開始不停地生氣，指責丈夫回家太晚的時候，很多男性都會覺得自己的妻子是無理取鬧 —— 自己在外面辛辛苦苦工作，勞累了一天，回家還要忍受她的責備，難道自己不想早點回家舒舒服服地躺在沙發上看電視嗎？

但是，如果你站在妻子的角度去想，她的憤怒其實並非因為丈夫工作的繁忙，而是因為恐懼，因為缺乏安全感。

她害怕丈夫的遲歸是因為厭煩了自己，厭煩了這個家，甚至害怕丈夫回來晚是因為他在外面有了其他女人。在這種恐懼心理的驅使下，一開始可能會有所克制，但是隨著負面的情緒慢慢累積，到後來就克制不住了，她們希望透過發怒的方式來增加自己的存在感，從丈夫的身上尋求安慰。

但是，很多丈夫卻沒有察覺到妻子內心的這種想法，將她的憤怒單純地當作對自己的不理解，因此表現出一臉的厭煩與不耐煩。而丈夫這種不耐煩和厭煩的表現，則會加重妻子內心的恐懼，從而讓這種情況陷入惡性循環之中。

還有一種現象：當夫妻一方出現背叛對方的行為的時候，在對方面前，通常會表現出異常敏感易怒的一面。

比如，一個男人出軌之後，在面對妻子的懷疑的時候，通常會透過發怒生氣的方式來轉移對方的注意力，讓對方相信自己的忠誠。

這種憤怒的背後隱藏的是一種心虛和恐懼，害怕自己出軌的事情被拆穿，害怕承擔妻離子散的後果，所以用憤怒來虛張聲勢，給對方一種自己問心無愧的錯覺。

如果你明白了很多憤怒的背後其實是因為恐懼的時候，很多事情便可以迎刃而解了：當對方說我生氣，其實是在擔心你們之間感情出現危機；當父母對夜不歸宿的孩子大發雷霆的時候，其實是在恐懼孩子的安危……

既然很多憤怒是源於恐懼，那麼當一個人對你大發雷霆的時候，不要急於與之爭辯和感到生氣與失望，我們常說「愛得越深，恨得越深」，憤怒也是一樣，越是會因為你的舉動產生憤怒的人，越是在乎你的人。如果他的心裡沒有你，又怎麼可能會因你而發怒呢？

所以，當別人對我們發怒的時候，我們要冷靜去尋找一下這憤怒背後所暗含的源頭，明白對方所恐懼的事情是什麼，從而對症下藥。如此一來，便能將這份憤怒輕而易舉地化解了。

強調和你有共同點的人，其實只爲了博取好感

人與人之間的友好交往，通常是建立在一種相互認可的關係上的，所以，尋找共同語言就成為兩個人增進彼此之間感情的一種主要方式。

而找尋共同語言的最好方法，就是尋找兩人之間的共同點。

人與人之間的共同點，在心理學上稱為「相似性」。這種相似性通常包含價值觀、品性特徵、興趣、經歷經驗、人際風格等多個方面。

人們透過某種相似性的特徵，來建立親密感，來對每個人進行歸屬和分類，進而達成一種共識。

因此，從某種程度上來說，當兩個人之間有某種相似性的時候，通常會更容易得到對方的認可與信賴。從這方面來說，相似性在人際交往之中占據著很重要的作用。

你一定有過這樣的交往經驗 —— 當遇到一個陌生人的時候，如果得知對方與自己來自同一個地方，或許曾生活在同一座城市，或許曾畢業於同一所學校，那麼相比其他陌生人，同樣陌生的你們會自然而然地產生一種親切感，彼此之間會覺得更加容易交流，也更願意交流。這就是共同點的功勞了。

事實證明，共同點這種東西，無論大小，都會在人與人之間產生很奇妙的化學反應。

當你與一個人興趣相投，大到有著共同的理想和奮鬥目標，有著共同的價值觀和審美觀，小到你們曾喜歡過同一個明星，都愛看同一部電視劇……只要有這些相似的共同點，哪怕你對他一無所知，也會先入為主地對他生出一種莫名的親切感。

而這些共同點，也能夠幫助你們在交流的過程中變得更加和諧順利。

這也是為什麼，我們總是喜歡參加那些按某些相似性組建起來的社會組織，比如同鄉會、同學會、各種社團等，一群有著共同興趣愛好的人聚集在一起，討論彼此都感興趣的話題，是一件非常開心的事情。

相反，如果與沒有興趣共同點的人在一起交流，可能進展就無法這般順利，這便是「志同道合」與「道不同不相為謀」之間的差異了。

正因為共同點在人與人的交往中占據著如此重要的地位，所以，很多時候，有一些別有用心的人會利用這一特點，在你的面前博取好感，以此來使他們的目的更容易實現。

小任是某大學的大四學生，在寒假回家的高鐵上，他的身邊坐著一位衣著打扮十分得體的中年婦女。車子開動後，那位婦女開始有意無意地與小任話家常，先是問他在哪個學校上學，家住哪裡的這些瑣碎的問題。在車上，為了打發無聊的時間，大家聊聊天都是很正常的事情，小任沒在意，一一做出了回答。

沒想到聽到小任說了他的家鄉是南投以後，這位中年婦女突然臉上放光，異常親切地說：「哎喲！我們是同鄉啊！我祖父也是南投人，後來才搬到臺中去的。」

「是嗎？」小任承襲了熱情實在的性格，一聽說是同鄉，便自然覺得親近了幾分。

「你今年大幾了？」那婦女接著問道。「大四。」「呦！跟我女兒一樣大，我女兒也是今年畢業。」那婦女嘆了口氣，接著說，「你們現在的畢業生啊，找工作難，我女兒面試了好多家公司了，高不成低不就的，總也找不到合適的，身為父母，我們看著也著急，你呢？你找工作了嗎？」

「還沒有，我也面試了一些公司，在北部就業壓力大，工作太難找了。」小任沒想到這阿姨的女兒跟自己面臨同樣的困境，於是心裡對她又多了幾分親切感。

「既然你老家是南投，你有沒有興趣來臺中發展啊？臺中很好的，離家裡也近，臺北房價那麼高，何必留在那裡呢！」

「如果有合適的機會，臺中當然也很好。」小任也沒多想，回答道。

「我剛好在臺中有一個做人事工作的朋友，他們公司是個知名企業，設在臺中的分公司，這個企業還是世界五百大呢！這週末這家企業剛好在臺中辦一場說明會，你要是有興趣，我幫你介紹，你可以去聽聽，就算不去工作，聽聽也是有好處的！」

小任一聽，心想這阿姨看著挺實在的，何況聽聽也沒壞處，便答應了，兩人於是留了聯繫方式。

等到週末，小任從南投趕到臺中，那位阿姨非常熱情地招待了他，帶他去了會場。說明會一開始，一位中年男性便上來講了一大堆關於成功勵志的故事，起初，小任聽得還挺心潮澎湃的，但是後來，隨著說明會的進行，他越聽越覺得不對勁，這才發現，原來這個所謂的世界五百大企業，其實是某個知名保健品的直銷團隊。小任這才知道，原來那個阿姨熱情地跟他攀交情，不過是為了發展他成為自己的「下線」。

我們都希望能夠結識到更多與自己有共同點的朋友，但是，在對方與你攀交情的時候，你要考慮到，在強調與你有共同點的人中，除了真心實意地與你增進感情的人外，還可能有一些有意博取你的好感的有企圖的人。

如果你傻傻地將每一個與你有共同點的人都當作好人，對方一唬弄便「老鄉見老鄉，兩眼淚汪汪」了，難保不會像案例中的小任一樣，被人賣了還在幫別人數錢。

所以，當有人跟你強調他與你是「自己人」的時候，一定要多加防備，就算對方真的是「自己人」，你多一點防備，也總沒什麼壞處。

忌妒，代表對方的愛嗎？

在感情生活中，很多人常常習慣於將忌妒程度與愛情的深淺畫等號，認為忌妒是心裡的愛的外在表現，一個人越是忌妒，便越說明愛得深。事實真的是這樣的嗎？

我們不能否認的是，忌妒確實是與愛情有著十分密切的關聯的。

佛家有這樣一句禪語：「由愛故生憂，由愛故生怖。」確實，有過戀愛經驗的人都知道，當你心裡喜歡上一個人的時候，便會害怕失去，害怕變心。

這個時候，如果對方與其他異性產生接觸，我們的心裡就會產生莫名其妙的忌妒心理，這種心理常常不受理性的控制，雖然理智上知道自己的愛人與其他異性之間是清白的正常的人際交往，卻還是忍不住心裡的醋意，總想找一個出口去發洩。

這是由於愛情占有慾的心理在作怪，當我們愛上一個人的時候，就會從內心裡希望這份愛情是聖潔的，是不容許其他人插足的，因此對對方產生一種占有慾，希望將對方與其他異性隔絕開來。

然而，這個願望在現實生活中卻很難實現，畢竟對方需要進行正常的人際交往。

這種忌妒的心理，我們俗稱吃醋，而說起「吃醋」的由來，還有一個有趣的典故：

唐太宗年間，太宗聽聞諫議大夫魏徵只有一個妻子，沒有妾室。這在當時的年代來說是一件不可思議的事情。太宗追問原因才知道，原來魏徵的結髮妻子不允許丈夫納妾。

太宗覺得魏徵的妻子不可理喻，於是將她召進宮去，希望透過自己天子的威儀來強迫她答應讓魏徵納妾。

等魏徵的妻子進宮後，太宗神情威嚴地讓下人端給她一杯酒，說道：「孤意已定，要給魏大人納妾。夫人若執意不允，擺在妳面前的是一杯毒酒，孤唯有賜妳一死。」沒想到魏夫人聽完之後，毫不猶豫地一口灌下了「毒酒」。

太宗原本只是想藉此嚇唬她一下，沒想到她竟真的一飲而盡，一時間大為震驚，只得笑道：「孤賜妳的本是一杯陳醋也。」在這之後，太宗未再提及給魏徵納妾之事。

而「吃醋」一詞就此流傳下來，成為忌妒爭寵的代名詞。

由此可見，忌妒之心可以達到讓人願意犧牲生命的地步，所以，那些宮廷劇中妃子們為了爭寵不惜用盡一切狠毒的方法也就不足為奇了。

忌妒其實是一把雙刃劍，一方面透過折磨別人來達到快感；另一方面，會讓自己遍體鱗傷。

張夢結婚五年了，她和丈夫的感情一直很好，但是她卻有一個讓丈夫感到很厭煩的缺點，就是過度敏感，忌妒心太重。

這些年，丈夫沒少因為這個吃苦頭。對丈夫身邊的任何異性，張夢都會疑神疑鬼的，為此，丈夫與自己所有的女性朋友、女性同學斷絕了來往。但是，即使是自己跟女同事、女客戶正常地談工作，張夢也會因此跟他大吵一架。

每天晚上丈夫一進門，張夢便會把他的手機拿過來，把他今天跟哪些人聯繫過，是男是女全部都要盤問一遍。更有甚者，有一段時間流行一種定位軟體，張夢竟然偷偷地在他的手機上安裝了，然後每天觀察他到過哪些地方，一旦有離開公司的情況，一定盤問清楚才肯罷休。

有一次，丈夫實在忍無可忍，在憤怒之下提出了離婚，結果張夢哭得死去活來的，認定了他一定是在外面有女人了，最後還是在他的哄勸之下，事情才過去了。

在現實生活中，對於大多數人而言，雖然會有忌妒之心，但是卻可以控制在一定的範圍之內，依舊能夠讓理性主宰，來控制自己的忌妒之心，不讓它氾濫成災。

對於這種能夠控制的忌妒來說，其實它可以作為一種愛的代表，畢竟，誰會對一個自己沒有好感的人產生忌妒之心呢？

正因為有愛，所以才會生忌妒之心，因此，從某種程度上來說，忌妒確實代表著一種愛。

但是，如果忌妒超出了正常的範圍，雖然我們不能因此否定說它就不是愛的證明，但是卻也不得不承認，所謂過猶不及，超出理智的忌妒，不僅是愛，更是一種近乎變態的心理，甚至可能是一種心理疾病。

人與人之間建立關係的基礎，在於信任。因此在一段感情之中，身為一個理智的人，我們能夠對對方的人格、品性和這段感情的牢固程度做出一個基本的判斷。

如果對方的信用值很高，換句話說，如果對方不曾做出過令我們的感情出現危機的事情，那麼我們首先應該是信任他的，即使他與異性有所接觸，我們首先也應該想到，那是出於正常的人際交往需求。

所以，在這種情況下，理智是能夠駕馭我們心裡的忌妒，從而不會給自己和對方造成負擔與傷害的。

但是，如果一個人的忌妒之心凌駕於理性之上，則會毫無信任可言。即使感情穩固，少有爭執，心裡依舊會被忌妒之心所掌控，常常會將一些虛無縹緲的事情當作指責對方的有力證據。

就像張夢一樣，強迫對方遠離所有的異性，甚至達到影響對方正常工作的程度，每天像審問犯人一樣地查手機、查電話，甚至跟蹤，想盡一切辦法去收集一切有可能成為證據的線索，彷彿是希望能夠真的查出什麼有利的證據一樣，然而內心深處，卻又是不希望有事情發生的。

擁有這種矛盾到近乎變態的心理的人，其實大有人在，而這些人打著忌妒的名號做著一切傷害自己，也傷害對方的事情的時候，名義上是出於愛，實質上卻是出於內心那些或多或少的心理缺陷。

如果仔細去探查，這些人的內心深處其實都是有著某種缺乏安全感的因素在作怪的，或許源於自卑，或許源於恐懼，或許源於曾經受過的傷害留下的陰影。

源於自卑的人，是因為他們從內心中不認可自己，不相信自己的魅力足以讓愛人守身如玉，認為外面的很多同性都比自己更加優秀，更加有吸引力，因此缺乏安全感，並將這一怒氣轉移和發洩到愛人身上。

源於恐懼的人，很可能是因為愛人本身曾經做出過讓兩人之間感情出現危機的事情，也就是說有過「前科」，從而導致信任程度降低，而產生恐懼心理。

源於受過傷的人，是因為在之前的某段感情，或者旁觀過自己的父母、親人等身邊的人經歷過感情失敗的事情，因此在心理上產生了陰影，對愛情缺乏安全感。

總之，適當的、合理的忌妒，可以代表對對方的愛，但是過度的盲目的、忌妒，便可能是某種心理問題的外在表現了。

敏感，因爲他過於自卑

你一定接觸過一些敏感的人，跟他們相處是不是覺得很辛苦呢？

敏感的人，相比其他人，會擁有更縝密的思維和更細緻入微的觀察能力，因此洞察力較強，但是，從另一方面來說，也更容易將小事放大，表現為患得患失，愛鑽牛角尖，內心排解情緒的能力較弱。

其實適度的敏感，是一種優勢，它代表一種心思細膩、觀察入微的能力，因此，擁有這種能力的人相比其他人，在人際交往的過程中更加游刃有餘，因為能夠更加容易地察覺對方的情緒與心思變化，不至於傻傻地聽不出對方的話外之音。

同樣地，他們的敏感心思也會使他們更加容易感受到生活中點點滴滴的美好，從而對於周邊事物有著更加深入的理解和思考，因此，這類人通常擁有較為深刻的思想和創造力，能夠在藝術、刑偵、發明等方面擁有得天獨厚的優勢條件。

然而，任何事情都是過猶不及的，敏感性格也是如此，如果一個人太過敏感，則會造成很多負面的影響，也就是我們常說的「神經質」了。

在生活中，我們經常會遇到一些敏感多疑，猜疑心很重的人，他們會無端將別人當作對他有敵意的人，將別人做的事情認為是對他有所針對的事情，看到別人在竊竊私語，就覺得一定是在說他的壞話，看到別人舉止親密，就會認為他是那個多餘的不受歡迎的人。

總之，他們喜歡曲解別人的意思，喜歡對號入座，喜歡無端地猜疑和聯想。

與這種人交往，我們常常會有一種很累的感覺，因為需要時時刻刻去在意他的感受，一不小心便會惹得對方不高興，而我們卻還察覺不到自己到底哪裡做得有欠缺，惹得對方不高興。久而久之，便會與他疏遠。

因此，敏感多疑的人往往在人際交往方面存在著一定的困難。

趙妍和沈佳佳是大學室友，兩個人每天一起上課，一起吃飯，感情很好。但是最近，趙妍卻莫名其妙地跟沈佳佳疏遠了。

原因只是一天兩個人一起去圖書館自習，沈佳佳收到一條簡訊。這條簡訊是與她在同一個城市的高中同學發來的，說來學校裡找她，希望一起吃個飯，於是沈佳佳就提前離開了圖書館去跟同學吃飯。

等趙妍從圖書館出來的時候，沈佳佳已經把同學送走了，所以趙妍只看見沈佳佳一個人走回了宿舍。

趙妍便覺得沈佳佳是有意騙自己的，只是為了不想跟自己一起去吃飯，因此覺得她不喜歡自己，所以之後便跟她疏遠了。

對此，沈佳佳感覺很無奈，不得不給趙妍看了那個高中同學發給自己的簡訊，解釋清楚了事情的過程，兩個人才和好如初。

在敏感多疑的人的思維中，似乎有一條與別人的思維不太一樣的線，在牽引著他們時時朝著與事實不同的方向而去。

當別人心情不好的時候，心大的人的第一反應是對方可能遇到了什麼事情，而敏感的人的第一反應則是我是不是做什麼事情讓他不開心了；

當別人丟了東西前來詢問的時候，心大的人的第一反應是對方肯定逢人便問尋找線索，而敏感的人則會覺得對方是懷疑自己偷了東西；

當原本約好的事情，對方突然取消的時候，心大的人的第一反應是對方臨時有事，而敏感的人則會覺得對方這是在有意疏遠自己；

……

在這根線的牽引之下，敏感的人能夠將周圍所有的事情都與自己扯上關係，然後在心裡默默地承受，情緒時常處於壓抑的狀態。

但是，其實這種敏感多疑的性格，絕大多數都是來源於內心深處的自卑。

由於自卑，他們對自己沒有一個準確的評定，總認為自己不夠優秀，總認為自己無法讓別人感到滿意，然而又因自卑而格外在意別人對自己的看法，因此就導致了一方面將所有外界的不好評價都與自己相連繫，另一方面在心裡更加覺得自卑。

這種因自卑而敏感的心理狀態，其實我們很多人都曾有過，只是由於是在某個特定的場合下產生的，並非持續的心理狀態，因此我們都沒有在意而已。

比如，當我們處於貧窮狀態的時候，穿著路邊攤買來的衣服，走進一個高階消費的商場或酒店，你會將每一個傾注在你身上的目光都當成是一種蔑視，認為商場的銷售人員或者飯店的櫃檯服務人員，似乎都不太愛搭理我們，都不太瞧得起我們。

但是，如果你穿著上等的名牌衣服，開著名車，背著名牌包包走進去，你會自然而然地將每一個傾注在你身上的目光都當成是一種尊重甚至是仰慕，這時就算商場的銷售人員或者飯店櫃檯的服務人員沒有及時接待你，你也只會覺得他們是太忙碌了，並非有意怠慢。

為什麼同樣的一個人，穿著不同的衣服，就能夠產生截然不同的兩種心理感受呢？

其實很多時候，外界的環境和對待你的態度並沒有改變，只是你的心態改變了，就會覺得整個世界都改變了。而當你穿著路邊攤的衣服的時候，你的心裡首先覺得自己是配不上這裡的，所以會情不自禁地產生一種膽怯的自卑心理，以這種心態來看別人，覺得所有人都是瞧不起你的。

所以，那些將所有人的行為都無端地理解為敵意，喜歡對號入座，過度敏感多疑的人，其實就是這種自卑的心理在作怪。

而這種因自卑而產生的敏感多疑，通常還會表現為過度回擊。

當自己內心深處的那根自卑的敏感神經被觸動的時候，即使對方只不過是開了一個無心的玩笑，他也有可能會瞬間暴跳如雷，或者言辭激烈，甚至用帶有人身攻擊性質的言語進行猛烈回擊，給人一種尖酸刻薄、暴躁易怒的感覺。

其實，這不過是他們在自卑心理的驅使下對自己自尊心強烈維護的一種表現，而這種故作強勢的外在表現，恰恰是內心自卑脆弱的真實反映。

喜歡吹牛的人通常都有一點自卑

「我也不知道我為什麼會這樣……」面對心理輔導，年僅十六歲的陳垣低著頭，神情痛苦地說。

陳垣是一個高一的學生，自上高中後，他便在同學面前樂此不疲地炫耀自己，說自己的爺爺是退休的高階軍官，曾經參加過抗日戰爭，說自己的父親在教育局工作，母親是醫院的主任醫師，說自己家住在市中心最好地段的大樓裡，甚至說自己不用認真讀書，因為高三的時候父親會託人幫他打點關係，輕輕鬆鬆就能考上好大學……然而，他的這些在同學面前趾高氣揚的誇耀，卻並不是單純的誇耀，而是完全不切實際的吹牛。事實上，他的父母不過是失業的普通工人，住在離市區很遠的偏僻郊區，為了方便他上學，所以在市區裡租了一戶簡陋的樓房。

後來，在一次家長會上，他的謊言被拆穿，因此他遭到同學們的譏笑和排斥，變得情緒低落，開始有了憂鬱的傾向。無奈之下，父母將他送到心理診所去，希望在心理醫生的幫助下，他能夠重新振作起來。

絕大多數的人都曾或多或少地有過在別人面前說大話的經歷，但是有一些人，卻將吹牛當成一種家常便飯。

更有甚者，如果像陳垣一樣，透過吹牛的方式虛構一個完全不真實的自己，讓這個不真實的自己站在別人的面前，去代替真實的自己生活，自欺欺人，最後連自己似乎都習慣了自己的假身分，在吹牛的道路上走得津津有味，一去不復返。

那麼，這些愛吹牛的人，他們的心裡到底是出於怎樣的動機呢？

其實，愛吹牛，往往是自卑的一種外在表現。網上有一句話說得很好：「低調是最大的炫耀，吹牛是自卑的表現。」事實就是如此。

當一個人對自己的生活狀態非常滿意的時候，是不需要透過吹牛的方式來與人交往的，畢竟，只要自己足夠好、足夠自信，誰會浪費腦細胞去想出那麼多子虛烏有的事情來欺騙別人，給自己找麻煩呢？

所以，那些喜歡透過吹牛的方式來與人交往的人，其實往往是對自己的現狀不滿意的人，他們認為自己不夠好，因此不夠自信，不敢用真實的自己來面對別人，所以透過吹牛的方式，來進行自我補償和減少焦慮。

一個真正滿足現狀的人，其實是不急於在外人面前表露出來的，因為堅信自己真實有料，就像自然界裡一個有趣的現象 —— 那些身材高大威猛的凶猛獸類，從來沒有偽裝的本領，因為他們足夠強大，所以不需要偽裝出一個虛假的樣子來欺騙天敵。

但是，很多弱小的動物，比如一些鳥類，比如刺豚，比如變色龍等等，它們因為弱小，所以不得不進化出偽裝的本領來，偽裝出一個與自己平時截然不同的虛假外貌來，從而躲過天敵的追捕。

愛吹牛的人，其實就像這些善於偽裝自己的小動物一樣，為了迴避自己在某方面的缺陷，因此編織出一個更好的自己來，從而用來欺騙別人和補償自己。

因此，對於愛吹牛的人來說，他們所大肆吹噓的內容，往往就是他們對自己不滿意的地方。

就像上面事例中的陳垣，他因為對自己貧窮的家庭產生自卑感，因此虛構出一個自認為很完美的家庭背景來，在同學的羨慕與誇耀之中，滿足自己在家庭方面的心理欠缺。透過這種自欺欺人的方式，來尋求心理滿足感。

那些誇大事實地吹噓著自己在公司裡多麼受主管器重，多麼有能力，多麼高人一等的人，其實在工作中，往往處於被別人壓制的狀態；那些吹噓著自己賺多少錢，開多貴的車的人，則通常是因貧窮而自卑的人。

由此可見，吹牛其實是人們用來彌補現實落差，從而在心理上達到理想的自我境界，來達到獲得自我滿足與獲得別人關注的目的。

很多女性在被家裡逼著去相親的場合中，常常會遇到這樣的男性 ——

他們將自己的情況說得非常優秀，工作很體面，賺很多錢，有車有房等等，這時，女性一邊覺得自己幸運遇到了一個優秀的男人，一邊又會在心裡嘀咕：「這麼優秀的人為什麼找不到對象，還要來相親呢？」

然後在後來的進一步了解之中，才會發現他們所說的話或者是誇大其詞的，或者根本是與事實完全不符的吹噓。

心理學家因此告誡女性，那些愛吹牛、愛說謊的男人，其實往往是不成功的。吹牛顯示了一個男人內心的不自信，他們希望透過吹噓與謊言來換取女性的青睞和尊重。

因此，如果你在生活中遇到這樣的男性，在做出選擇的時候一定要謹慎對待，不要被對方漫天編織的謊言所矇蔽。

其實，愛吹牛的人，從某種程度上來說，也是可憐之人。他們的吹噓不過是在現實狀況不佳的情況下為了維護自尊心而做出的一種極端反應而已。

所以，只要他的吹牛無傷大雅，沒有對你造成什麼不利的影響，其實不必去拆穿他或者遠離他，畢竟，人人都有缺點，何必一定要將對方的傷疤撕開來呢，將對方無傷大雅的吹噓，當作你們交流之間的調味品，睜一隻眼閉一隻眼，也就過去了。

如果你恰好是那個愛吹牛之人，如果吹牛已經影響到你正常的人際交往與心理健康，那麼一定要學會去調整，找到內心中自卑的源頭，給予自己正確的疏導，這個毛病便可以改正。

假的說得再多也成不了真的，與其有吹牛的時間，還不如努力去打拚，改變讓自己不滿意的地方，讓自己變得更好更優秀，自然就不再需要透過吹牛的方式來獲得自我滿足感了。

愛炫耀的人往往缺乏安全感

在工作和日常生活中，我們總會碰到一些喜歡炫耀的人，或者炫耀自己多麼出眾多麼有能力，或者炫耀自己家裡條件多麼優越，或者炫耀自己的老公多麼優秀，或者炫耀自己多麼受到上司的器重等等。

這樣的人，由於太過張揚愛炫耀，常常會讓身邊的人覺得反感。其實，這些炫耀的背後往往隱藏著一些不為人知的「內心戲」。

心理學家研究顯示，喜歡透過炫耀的方式來抬高自己，尋求光環的人，其實潛意識裡是非常缺乏安全感的，他們在心理學上被稱為「缺乏安全感型族群」。

余洋是某公司辦公室裡的一朵「奇葩」，同事們之所以給他取了這個外號，是因為他有一個讓大家很受不了的毛病 —— 愛炫耀。身為公司裡一個剛工作了不到兩年的新人，他每個月的薪資還不到其他員工的平均薪資水準。然而，他卻對炫耀這件事情情有獨鍾。

臨近國慶節，商場打折促銷，他跟朋友借了三萬元，自己又添了三萬元，買了一臺新款的 Sony 筆記型電腦。第二天一大早，他便將電腦拿到公司裡去，在辦公室裡大肆炫耀了一番：「我這個電腦可是上個月剛剛上市的新款，將近六萬塊錢呢！不過只要好用就行，多少錢不重要！」見沒有人搭理他，於是他主動將電腦拿到臨近的同事辦公桌上，特意與同事那臺舊電腦擺在一起，然後拉著那個同事說：「我跟你說，這買東西啊，就是一分錢一分貨，你看看你那破電腦，開個機都要兩分鐘，你再看我這個，秒開！而且我這臺電腦，可是有最先進的指紋辨識系統，配備也是最高階的……」

一個同事實在受不了他的囉唆，也看不慣他的炫耀，於是反問道:「你一個月才三萬多元的薪資，買了這麼貴的電腦，打算喝西北風去嗎？」

結果余洋擺出一副無所謂的表情，說道:「本少爺不缺錢！昨天買完電腦，還出去跟朋友喝酒唱歌了呢！一瓶洋酒三千多塊，本少爺眼睛都不眨！」

大家做了同事一兩年，對於每個人的實際情況，多少都是有了解的。大家知道余洋就是這麼個愛炫耀的性格，喜歡打腫臉充胖子，況且他除了這個毛病，其他方面都非常好，所以大家也不好多說什麼，只能將他那些炫耀的話當成笑話來聽。

愛炫耀的人，簡單來說，就是喜歡將自己有優越感的方面當作資本，在別人面前炫耀，來表示自己的高人一等。

這其中包括兩類人，第一類，是自己確實在某方面比較優秀，因此拿出來炫耀，希望以此來抬高自己；而第二類人，則是喜歡將實際情況添油加醋、誇大其詞，或者自己明明達不到那種水準，偏要打腫臉充胖子來顯示自己比別人強。

愛炫耀的人，他們都有一個共同性，就是太過在乎別人對自己的評價和看法，所以希望透過向別人展現自己的方式來獲得別人的認可和仰慕，從而讓自己感到滿足。

如果一個人不在乎別人對他的評價，那麼就不會費心費力地將自己生活中的部分故意攤開在別人面前，去接受別人的檢閱。所以，從某種程度上來說，炫耀，其實是一種展示自己、討好別人的表現。

一個不在乎別人看法的人，他自己的好不需要別人來認可，所以不會刻意擺在人前去賣弄，而自己的不好也不需要在人前掩蓋，但是，如果一個人太過在意別人的評價，將別人的評價當成判斷自己成敗的標準，就會出現在人前努力炫耀自己的好處，極力掩蓋自己的不足的現象，為此即使委屈自己，他們也心甘情願。

就如同上述事例裡的余洋，他寧可自己勒緊褲腰帶忍飢挨餓去還債，也要買一個自己消費能力之外的昂貴物品來炫耀，從而獲得心理上的滿足。

其實，他的內心是出於一種對於別人的肯定的渴望，他需要透過這種外在評價的方式來獲得別人的認可。然而，可悲的是，他的這種炫耀，不但沒有獲得別人的認可，反而成為人際交往中的一種阻礙。

而這種性格的背後是一種缺乏安全感的心理狀態。在心理學上，這種炫耀的行為通常被認定為有「心理強迫症」。

這些愛炫耀的人，他們絕大多數其實是沒有任何惡意的，他們沒有不可告人的目的，也不是想讓對方難堪，只是到了某些特定的場合，或者在某些人面前，這種心理強迫症便會不可遏制地爆發，從而驅使他們做出這些行為。

而之所以會出現這種心理強迫，是因為一方面他們在意別人對自己的評價，希望獲得好評；另一方面又害怕自己不夠好，無法得到期望的評價，這就是心裡缺乏安全感的一種表現。

所以，為了給自己安全感，他們便會採用炫耀這種能夠抬高自己的方式，努力地去向別人展示自己，希望以此來獲得認可。

說白了，就是為了透過炫耀的方式，來向世人證明我很快樂、我很幸福，我很好。如果你不相信我很好，那麼我炫耀給你看，你看我擁有這麼多好的東西，難道還不夠好嗎？所以，炫耀其實與吹牛一樣，都是缺乏安全感之人用來偽裝和在心理上補償自己的一種方式而已。

第十章

進可交心，退可懂人心

嘴上說「我很忙」的人，真的忙嗎？

如今生活節奏快，我們每天都有很多事情要做，所以，「我很忙」變成了很多人的口頭禪。但是，在這些強調著「我很忙」的人中，有一些，是真的很忙，但還有一些，卻並沒有他所強調的那麼忙碌。

嘴上說著「我很忙」的人，其實並不一定是真的很忙，這句話中包含著幾種特殊的含義，下面我們就來具體分析一下。

首先，「我很忙」，其實是一種委婉的拒絕。

相信每個人都會有這樣的經歷 —— 當你接到一個不想接的電話，比如一些廣告或者推銷的電話，為了不讓對方繼續在電話裡囉囉唆唆，但是又出於禮貌不想將拒絕說得太生硬，於是便會說一句「對不起，我很忙」，然後禮貌地結束通話電話。

很多人喜歡在 Facebook Messenger 上聊天，小晴也是如此。一次，她看到自己喜歡的男生剛好在線上，便很開心地主動與他聊天，可是沒說幾句，那個男生便說了句「我很忙，有空再聊」，說完，還沒等小晴回覆，對方頭像已經變灰，下了線。

小晴沒多想，覺得對方可能有什麼事情去忙了，這時候剛好她的室友在電腦上遇到了一個問題，請她過去幫忙。她在幫對方關網頁的時候，不小心瞥了一眼 Messenger，卻發現在室友的好友欄裡，那個男生的頭像卻是亮的，明顯處於線上的狀態。小晴才知道，原來他只是不想跟自己多說話，所以才說自己很忙，其實他沒有下線，只是對她隱了身。

所以，「我很忙」，其實有時候代表著一種委婉的拒絕。

當一個人接到異性邀約的時候，如果對這個異姓沒有好感，不想赴約，即使當時自己正坐在沙發上無所事事地看著無聊的電視劇，也通常會以「我很忙」來做推辭。但是等另一個有好感的異性來約的時候，即使手中真的有特別忙碌的事情，也會毫不猶豫地一口答應，然後想盡辦法將自己的工作壓縮或者改時間。

因此，如果面對你的熱情，對方以「我很忙」來推託的話，很有可能，其實在對方的心裡，你並沒有自己想像得那麼重要。

其次，「我很忙」，有時候也代表著一種低調的炫耀。

你有沒有這樣一種感覺，當一個人很淡然地說出「我很忙」的時候，你會突然對這個人有一種高看甚至是肅然起敬的感覺。這是因為在我們的觀念之中，忙碌與否從某種程度上來說，其實是跟成功與否呈正相關的。

那些遊手好閒、無所事事的人，很清閒，卻也很失敗，他們想忙也沒有事情可以忙。而那些高級白領、總裁老闆、政府高官，每天忙得不可開交，總有推脫不了的事情，總有忙不完的工作。所以，一個人如果總是很忙，我們自然而然地對他高看一眼。

很多人正是抓住這樣一個心理，喜歡將「我很忙」這句話掛在嘴邊。

一個好久沒有接到過訂單的工廠廠長，某一天，突然接到一個客戶的電話，心裡早就激動得樂開了花，但是，為了在對方面前顯示自己和自己工廠受歡迎，於是表面上裝作很淡然自若的樣子，故作為難地說一句：「哎呀，最近客戶多，我真的很忙啊，這樣吧，我讓祕書幫我調出一個時間來，我們見面詳談。」

這位廠長，他明明因工廠接不到訂單而焦急，在好不容易出現的客戶面前，卻不但不熱情地滿口答應，反而故作忙碌，這是為何呢？

理由很簡單，如果他像餓虎撲食一樣，一張口便答應，像抓著救命稻草一樣去討好對方，那麼對方一來會覺得這個工廠生意不好是不是因為能力不行，二來會覺得這是一個壓價肆意開條件的好機會。

但是相反，如果讓客戶誤以為自己很忙，對方就會覺得這家工廠很受歡迎，覺得機會難得，因此便會放低姿態，這樣在之後的合作過程中，工廠就會處於主動的地位。

同樣，很多人在同事、同學、朋友，或者在喜歡的異性面前，為了彰顯自己的能力，抬高自己的身價，也會故意來強調「我很忙」，從而讓對方覺得自己很有能力很有作為。

因此，有時候，「我很忙」，其實是一種低調的炫耀，是用來抬高自己身價的一種方式。

最後，「我很忙」，其實是我很懶的一種表現。

在公司裡，有一些同事經常會把「我很忙」、「好多事情要做啊」、「忙死了」等這樣的話掛在嘴邊，但是如果你仔細觀察，卻發現他們根本沒有什麼特別繁重或者要緊的工作。

這種人每天都要擺出一副累死累活的忙碌樣子來，其實雷聲大雨點小，產出甚微，別人根本不知道他在忙些什麼。

這類人，其實是喜歡裝樣子的人，他們因為懶惰，或者喜歡推卸責任，因此不願意接到太多的工作，但是又害怕自己的懶惰被同事看出來，所以總是在別人面前營造出一種他很忙的假象來，讓大家認為他的工作很多，這樣一來，在分配工作的時候，主管就會酌情考慮，交給他一些簡單不費時的工作。

而他們這種「嘴上的忙碌」，其實從某種程度上來說，是做給主管看的。他們一方面懶得做一些繁重的工作，另一方面又害怕由於自己的懶惰而造成主管對自己的意見，所以，便做足了表面功夫，每天將「我很忙」掛在嘴邊，裝出一副忙得不可開交的樣子，期望以此在主管心中留下自己發憤努力的好印象。

可是當你真的去觀察的時候就會發現，這些人一邊喊著忙，一邊可能正開著電腦逛淘寶，或者拿著手機玩遊戲呢！

要了解一個人，看他結交的朋友

有句古話叫做「物以類聚，人以群分」。一個人是什麼性格的人，通常就會與什麼性格的人交朋友，所以，透過一個人身邊的朋友，通常可以看出一個人的品格。

朋友，是每個人不可或缺的一種人際關係，朋友之間，可以交流、可以共同玩樂、可以一起進步，朋友是寂寞時的陪伴，是開心時的分享，是難過時的傾訴。所以，朋友是與我們的快樂與痛苦、幸福與不幸都息息相關的。

而朋友，恰恰是物以類聚的一個「群種」，能夠成為好朋友的兩個人，一定是在性格、情趣愛好等某一個或者多個方面有著相似點的人，或者是志同道合求上進，或者是臭味相投一樣吊兒郎當不學好。

所以，如果你想要了解一個人是什麼樣的人，不妨去觀察一下他身邊的朋友。

古有高山流水遇知音的伯牙和鍾子期，兩人因音律結識，彼此心有靈犀，終成知己。鍾子期死後，伯牙放棄彈琴，因為他認為這世界上再也沒有像鍾子期一樣能聽懂自己的琴音和心聲的人了。

所以，真正的好朋友，其實就是有著共同的喜好、共同的追求，能夠知你懂你的那個人。如果你覺得研究別人的朋友有些難度，那麼不妨從自己身邊的朋友先研究起。

在你身邊的好朋友，他們都是什麼性格的人。

如果你是一個積極樂觀的人，那麼你的朋友多半也會是積極樂觀的人，你們在一起暢想未來，感受生活的美好。

如果你是一個博學多聞的人，那麼你的朋友也多半會是有知識有文化的人，你們在一起談天說地，聊古論今。

如果你是一個大大咧咧、心直口快的人，那麼你的朋友也多半都是直爽坦率之人，你們在一起打打鬧鬧，高興時就一起大笑，生氣時就大吵一架，從不遮掩情緒，也從不扭捏地等著對方來猜。

我們選擇的朋友之所以會與我們相似，主要是因為兩個原因：

首先，當然是因為興趣和性格相投。

所謂「道不同不相為謀」，兩個人如果沒有共同的興趣愛好，沒有共同的價值取向，那麼就很難相互認可，所以能夠成為朋友的機率是很小的。

比如，一個剛正不阿的清廉官員，想讓他與那些阿諛諂媚、假公濟私的官員們同流合汙，他會覺得是對自己的一種侮辱，更何況與他們成為朋友呢！

新學期開學，班級裡重新安排座位，小娟跟小雅成了新同桌。一開始，兩個女孩相處很融洽，一起吃飯，一起上廁所，但是很快，兩個人就不再形影不離了。

小娟跟班裡的另一個女孩成了好朋友，那個女孩很好奇地問她為什麼不繼續跟小雅做朋友了，小娟抱怨道：「跟她在一起玩太無聊了，她每天都在跟我討論老師講的哪道題不會做，討論哪道數學題有簡便演算法，討論最近書店又有了哪套新的練習卷，無聊死了。還是跟妳在一起有趣，我們一起看電視劇，一起打遊戲！」

「是呀，她是好學生，跟我們肯定沒共同語言。」

成績好的同學與成績差的同學在一起，一個聊著自己看了什麼電視劇，一個聊著自己做了哪些習題集，顯然是沒有什麼共同語言的，因此也很難成為朋友。

如果一定要做朋友，那麼其中的一方必須有意識地向另一方靠攏，或者成績好的那個犧牲讀書的時間來陪對方打遊戲，或者成績差的學生從此奮發圖強向對方靠攏，否則便很難玩在一起。

所以，但凡能夠成為朋友的兩個人，一定是有共同點的，或許你覺得他們一個開朗一個內向很不和諧，但或許他們之間有著共同的價值觀和追求；或許你覺得他們一個貧窮一個富貴，不是一個階層的人，但是或許他們因共同的興趣愛好而結識。

其次，便是因為同處一個社會背景下。

現實生活中有很多成為朋友的人，或許他們性格各異、成就各異，看似沒有共同點，但是卻能夠成為很好的朋友。這是因為他們有著共同的社會背景。

比如有很多朋友，是從小的鄰居或同學，一起長大，所以後來雖然看似沒什麼共同點，卻依舊保持著很好的友誼，這些人，就是我們的兒時玩伴。

一個目不識丁的農民，他所接觸的世界是自己的一畝三分地，是養育自己的土地和村莊，因此，他身邊的人也都是如他一樣在田野裡長大的人，他的朋友也多半都是他們。

而一個受過高等教育的社會菁英，在大學裡接觸的是各個縣市的優秀生，步入社會接觸的是同樣受過高等教育的菁英人群，因此，他的朋友，多半也是跟他一樣的菁英人群。

一個人，處於什麼樣的社會背景之下，就會越有可能成為什麼樣的人，也就會自然而然地交什麼樣的朋友。

所以，當你想要了解一個人的時候，就可以透過了解他身邊的朋友來做出結論。

如果他的朋友都是積極向上、奮發圖強的充滿正能量的人，那麼基本可以斷定這個人是一個對生活充滿熱情、樂觀向上的人。

如果他的朋友都是正直善良的人，那麼他是猥瑣小人的機率便很小。

如果他的朋友都是坦蕩直率之人，那麼他一定是一個心胸開闊、直來直往的人；相反，如果他的朋友們抽菸酗酒、邋裡邋遢，那麼這個人基本平日裡也會是這個樣子。

如果他的朋友們滿口髒話、欺軟怕硬，那麼這個人一定也不會好到哪裡去。

如果他的朋友們都是眼高手低、紙上談兵之人，那麼這個人也多半是一個好高騖遠，無法腳踏實地做事的人。

一個人是很容易偽裝的，但是一群人的習性卻很難偽裝。所以，如果一個人在你面前表現得非常完美，無可挑剔的時候，你不妨去觀察一下他周圍的朋友，從他的朋友入手，或許可以獲得很多有用的資訊。

貧困時，金錢是最好的試金石

步入社會以後，很多人都在感嘆，覺得人與人之間的關係越來越複雜，再也不如年少時單純。

很多時候，我們自認為關係很好的朋友，可是卻發現他們會在我們得意的時候錦上添花，但是在我們失意的時候，卻從不願意雪中送炭。我們付出了真心，在我們有能力的時候慷慨地給予他們關愛與幫助，但是我們遭遇挫折，他們卻會毫不猶豫地轉身離開。

這樣的人，不配成為我們的朋友，他們與我們相交，不過是出於利益考量，當利益斷了，便會瞬間轉換面孔，成為一個陌生人。

所以，人們才會感慨：「這世間，沒有永遠的敵人或者朋友，只有永恆的利益。」

還記得在校園中時，兩個孩子總是因興趣相同而走在一起，從來不會考慮是否能夠從對方那裡獲取利益，這樣的友誼，既單純又美好。

但是，當你以一個成年人的姿態融入這張人際交往的大網之中，就要做好充分的心理準備，因為再想交到年少時那樣單純的朋友，再也不容易了，因為我們開始在利益上對別人有所求，而別人也同樣地在利益上對我們有所求。

戰國末期趙國的一代名將廉頗，因「負荊請罪」的典故而為後世廣為傳頌。當時的廉頗，由於戰功赫赫，因此身分地位十分高貴，在他的門下，聚集了許多慕名而來的賓客，他對這些賓客以誠相待，並且在吃住的供養上從不吝嗇。

然而長平之戰時，趙王中了秦國的離間計，對廉頗產生了懷疑之心，於是將廉頗免職。廉頗一時間失去了顯赫的身分地位，只能幽閉家中，成為一個落魄的閒人。

見到廉頗失勢，他家裡的賓客們紛紛拂袖而去，另投新主，完全不顧念往日的情分。廉頗的府上，一時間門可羅雀。然而不久後，趙王再次將廉頗封為將軍，繼續重用於他，廉頗走出失勢的谷底，再次成為權傾朝野的眾臣。

見此情形，那些原本已經離去的賓客們紛紛回來，希望重新投在他的門下。

廉頗見到這些人的嘴臉非常生氣，不肯接納他們。但是賓客卻說：「將軍你有權勢之時，能夠為我們帶來榮華富貴，我們就都來追隨，你失勢時，我們在你這裡得不到好處，自然要離開，這是世態的當然道理，將軍您怎麼到現在才明白呢？」

利益之交，不過是將友誼當作一種以利換利的工具，有利可圖之時，便蜂擁而上，無利可圖之時，便無情離去，這種關係永遠不可能像真正的友誼那樣穩固和長久。

但是，當我們春風得意之時，當我們讓對方有利可圖之時，我們常常無法區分清楚，圍繞在我們身邊的那些人，哪些是真心實意地與我們相交，哪一些只是看中利益。

但是，一旦我們失去了這一切，變得貧窮，變得沒有權勢，那麼這些人的真實嘴臉便會瞬間顯現出來。

王某曾是當地一個職位不小的官員，每年過年過節時，來他家裡送禮的人絡繹不絕，後來，由於工作出了一點狀況，未滿五十的他退休了，成了一個掛著虛職在家吃乾飯的閒人。與他同住一個社區的另一位同事代替了他的位置，成為那個部門中舉足輕重的人物。

中秋節前一天，王某最小的兒子正在社區裡玩耍，看到一個之前總來自己家裡做客的叔叔提著精緻好看的禮品盒走過來，但是卻沒有進自己家所在的那一區，單純的孩子於是喊道：「叔叔，你走錯了，我家在這裡呢！」

送禮之人十分尷尬地朝孩子笑了笑，轉身快步向著新上任官員的家裡走去。

俗話說：「貧居鬧市無人問，富在深山有遠親。」一個人，在富貴得意之時，常常是被眾星拱月地圍在中間，從來不缺少朋友，但是，一旦落魄才會發現，相識滿天下，可是真正的知己卻寥寥無幾。

所以，金錢與地位，其實是最好的試金石，當你失去它們的時候，它們會順便幫你過濾掉所有虛情假意的情義，而這個時候陪在身邊的人，才是一心一意對你好的人，才是你應當一輩子去珍惜的感情。

所謂富人有富人的歡樂，窮人有窮人的幸福。當一個人有錢有權的時候，往往分不清楚身邊人感情的真假，別說朋友，就連身邊的親人也是如此——當年輕漂亮的女孩甘願嫁給他做妻子的時候，他分不清對方是真的喜歡他的人，還是看重了他的錢；當子女在他膝前盡孝，百般討好的時候，他分不清孩子是真心孝順，還是為了多分一些家產；當遠方的親人不遠千里前來看望的時候，他分不清對方是真的想念自己，還是有求於自己……

但是，這些煩惱在窮人的生活裡是不存在的，他們沒有什麼利益可以給對方，所以能夠很輕易地分辨出身邊人的真情，當貧窮的時候，依舊能夠為他洗衣做飯的妻子，那一定是真心愛他這個人的；當貧窮的時候，依舊能夠在他膝前盡孝的孩子，就一定是真的孝順；當貧窮的時候，不遠千里前來看望的親人，一定是為了親人之間的情分。

這世界上，虛情假意太多，真心實意太少；利益相交太多，知己相交太少。所以，如果一個人在你貧窮的時候依然真心實意地與你結交，那麼這份感情你一定要去珍惜，唯有這樣的朋友，才能夠經得住人生的種種考驗，成為你一生的知己。

請遠離與你有利益衝突的人

很多人都有一個失誤，認為人與人之間相識的時間越久，彼此了解得越多。

其實並非如此。兩個性格相仿、興趣相投的人，即使見面僅僅兩個小時，也有可能會成為無話不談的好朋友，而兩個相識幾年甚至十幾年的同事，卻不一定能夠成為關係很好的朋友。

所以，認識的人，並不一定就是你的朋友。有時候，我們自以為跟對方關係很好，把對方當成好朋友來對待，但是對方的心裡卻壓根沒有把我們當成朋友，甚至還會做出傷害我們的事情來。

對於成年人來說，除了親人，平日裡接觸最多的人應該就是同事了，大家每天在一起工作，日子久了，自然而然就會關係變得越來越好。

但是，同事之間的關係，卻並非只是單純的朋友交往的關係，同時還存在著許多利益的紛爭。當面對同一個客戶的時候，同事之間處於一種競爭的關係；當面對晉升的時候，同事之間也處於一種競爭的關係。

所以，如果你單純地認為同事之間可以做毫無利益紛爭的好朋友，那便在這場競爭中首先處於弱勢了。

關靜與同事高娟關係很好，兩個人平日裡一同吃飯，一同下班，時日久了，關靜自然而然地將高娟當成了無話不談的好朋友。後來，關靜因為個人的發展問題，想要跳槽，於是偷偷地在外面參加面試。

這件事情，她在公司裡只告訴了高娟一個人。但是幾天之後，她卻突然被主管叫去談話，主管一方面提出幫她調高三千元的薪資，另一方面又說了許多莫名其妙的話，然而這個時候，關靜還沒有找到其他合適的公司，直接辭職會面臨沒有收入的困境，但是由於去意已決，她又沒辦法接受主管漲薪資的好意，不然過段時間一提辭職別人會說自己不知好歹，於是左右為難，不知道該如何是好。

從主管辦公室出來以後，她很生氣地把高娟叫出來，問她是不是把她自己要跳槽的事情告訴了主管，沒想到高娟很痛快地承認了。「妳為什麼出賣我？我是覺得相信妳才把這件事情告訴你的！」高娟卻一臉無所謂的表情：「付給我薪資的人是主管，我沒有義務幫妳瞞著主管啊，不過，我這不是也算幫了妳嘛，如果不是我，主管會幫你調漲薪資嗎？」

關靜特別生氣，只能在沒找到新工作的情況下提前提出了辭職。然而，最令她傷心的不是將面臨沒有收入的困境，而是她被自己一心一意當作好朋友的人出賣了。

這世間有一個定律：永遠不要跟有利益衝突的人走得太近。

因為人的本性都是自私的，所以即使是相處了十幾年的好朋友，在利益面前都有可能會相互出賣，更何況是原本就不夠了解的同事之間呢。

我們沒有理由要求每一個我們真心付出來相待的人，都能夠向我們回饋同樣的真心，所以，在上面的那個事例中，關靜其實是沒有理由抱怨和埋怨高娟的，怪只怪她自己太傻，無所顧忌地將自己的祕密告訴給一個與自己有利益衝突的人，而高娟也沒有義務為了幫她隱藏真相，付出失去主管信任的代價。

況且這件事情，只要關靜自己保守好祕密，是可以順利進行的，她卻非要多此一舉地將這個祕密透露給與自己在同一個公司裡工作的同事。不客氣地說，這不是自找麻煩又是什麼呢？

通常，喜歡將自己的弱點和祕密暴露在別人面前，以求「一吐為快」得到快感的人，最終往往是要為此付出代價的。

很多人，心胸敞亮，喜歡交朋友，為人實在不藏心眼，因此與人打交道的時候，可能因喝過一頓酒、唱過一次歌，便將對方當成了自己的好朋友。這樣的人，雖然心胸坦蕩、為人仗義，值得我們敬佩，我們也都希望自己成為這樣的人，同時也結交這樣的人。但是，在這個複雜的社會中，並非所有人都能夠做到如此的坦蕩無私，能夠做到如此的表裡如一的。如果在還沒有徹底充分了解對方的時候，就輕易付出自己的真心，那麼一旦對方並不是你想像得那樣好，那就等於是將自己陷入了一個隨時隨地都可能被人利用和出賣的危險境地之中。

朋友之間，需要忠誠、需要真心。然而，忠誠與真心兩樣東西，都是我們無法輕易辨別與衡量的，不要以為你對對方是忠誠的和真心的，對方就一定會給予你同樣的回饋，不要認為你把對方當成可以傾訴祕密的好朋友，對方就一定會把你當成同樣重要的朋友，這世界上，兩情相悅的愛情與友情都是難得的，不要奢求你一廂情願的想法能夠讓對方做出改變。

所以，無論是在職場上還是在生活中，千萬不要輕易地向別人吐露心聲，也千萬不要輕易地將每一個人認識的人，都當成自己的好朋友。人心隔肚皮，不要輕易給予別人利用和陷害你的機會。

當然，該交往還是要交往，該接觸還是要接觸，只是在不能對對方的人品打包票的時候，說話、做事一定要有所保留，不要讓對方輕易了解你的底細，小心駛得萬年船，有防範之心，終歸不是錯事。

敵人帶來問題，朋友帶來解決方法

人是非常複雜多變的，永遠不會像一加一等於二這樣簡單明瞭。

因此，很多原本相愛的人，最後形同陌路；很多原本陌生的人，最後成為伴侶；很多原本敵對的人，後來變成知己；而很多原本的朋友，後來卻成為仇敵。

人與人之間的關係，永遠都處在這種變幻不息的狀態之中，所以「人生若只如初見」只是一種美好的期待和幻想。

而在這種變幻不息之中，如果你的觀念一直保持不變，就會落後。當一個敵人隨著外部環境的改變已經成為你的朋友，而你卻還固執地把他當作仇敵，當一個朋友因利益關係的變化而已經成為你的敵人，而你卻還毫無防備地將他當作朋友，那麼，你就會成為這變幻背後的犧牲品。

所以，區分誰是敵人，誰是朋友，不能聽他說什麼，也不能一味地根據過去的關係來做判斷，而是抓住一個恆久不變的定理和準則來界定：敵人，是為你帶來問題的人，而朋友是幫你解決問題的人。

在這個世界上，沒有永遠的朋友，也沒有永遠的敵人，但是如何去區分誰是敵人，誰是朋友，如何在瞬息萬變的事態中時時準確把握這些複雜的關係，便成為一個很難解決的課題。

有一隻碩鼠，因體型強健而好鬥，打敗了整座山裡所有的鼠類，成了鼠王。它聲名遠播，就連山中的雞鴨、兔子等小動物，都畏懼於它的威嚴，不敢對它有所不敬。

在鼠王的身邊，有兩個形影不離的隨從，其中一個是一隻伶牙俐齒的松鼠，另一個是一隻老實的公雞。松鼠每天跟在鼠王的後面，誇耀鼠王的厲害，把牠捧得高高的，因此鼠王很喜歡牠，但是公雞卻正相反，總是擺出一副嚴肅的樣子來警告鼠王不要做這個，不要做那個，讓鼠王心煩得很。久而久之，鼠王就與松鼠的關係越來越親近，與公雞越來越疏遠。

在松鼠的恭維奉承下，鼠王越來越覺得自己不可一世，整天在山林裡趾高氣揚，甚至都不把獅子、大象放在眼中。

「大王，您真的是太威風了，您看，就連大象都要對您畢恭畢敬的！」松鼠誇張地恭維，鼠王聽了更是高傲地仰起了頭，覺得自己天下無敵了。松鼠於是繼續說道：「您聽說了嗎？最近山裡來了一隻野貓，每天叫罵著自己多厲害，分明就是在向您發出挑戰啊！」

鼠王聽了，冷笑了一聲，說道：「連大象都是我的手下敗將，區區一隻小貓，又能奈我何！」

「就是啊！大王您不如去挫挫牠的威風，好讓牠知道，這山林裡誰才是真正的大王！」

鼠王覺得松鼠說得有道理，於是決定當天晚上去找野貓對決。

公雞聽聞了這個消息，急忙前來規勸：「貓是鼠的天敵，你若是去與貓對決，那就等於是送上門去找死啊！」

然而，驕傲自大的鼠王哪裡聽得進這些逆耳忠言，當天晚上便跑到了貓的家裡去對決。然而，還沒等牠反應過來，敏捷的貓便撲了過來，鼠王連滾帶爬地躲過，一時間驚慌失措，想要尋求幫助，然而松鼠卻早已一溜煙地跑了。

貓再次氣勢洶洶地撲了過來，被逼到角落裡的鼠王無處可逃，嚇得直哆嗦，後悔自己沒有聽從公雞的勸告，結果送上門來成為貓的宵夜。

這時，公雞撲騰著翅膀衝了過來，貓嚇了一跳，向後退去，趁著貓分神的空當，公雞帶著鼠王逃了出去。

死裡逃生的鼠王狼狽不堪，看著救了自己一命的公雞，慚愧地低下頭來。

整日圍在鼠王身邊的松鼠，看似是鼠王的好朋友，但牠所做的事情卻是不斷地在給鼠王找麻煩，甚至讓牠陷入危機之中，而看似總是給鼠王難堪的公雞，卻能在鼠王陷入危機的時候機智地想出辦法來解救牠。相比之下，誰才是真正的朋友，便一目了然了。

而現實生活中，有很多的人也像鼠王一樣，盲目地輕信很多看似是好朋友的人的提議，卻對真正為自己考慮的朋友提出的建議嗤之以鼻，最後落得跟鼠王一樣狼狽的下場。

難道一定要被欺騙過，被利用過，甚至陷入危機過後，才能夠明白誰是假朋友，誰是真朋友嗎？其實，不必如此。

身為一個成年人，我們應當具備自己理性的判斷能力，誰給出的建議是真心為你考慮的，誰給出的建議是可能會給你帶來麻煩，甚至讓你陷入危機的，其實只要不盲目地偏聽偏信，只要仔細地思考和理智地判斷，絕大多數情況下，我們都能夠做出準確的判斷。

只是很多時候，我們被對方的吹捧或者激將法迷惑了雙眼，讓情緒掌控了自己的理智，從而才會做出一些讓親者痛、仇者快的事情來。

在現今這個社會上，朋友與敵人之間的界限已經變得模糊不清了，很多時候都難以分辨。難道我們真的要在患難之後，在付出代價之後才能明白誰是真情、誰是假意嗎？

所謂敵人，就是為你帶來問題的人，而所謂朋友，就是幫你解決問題的人。牢記這個準則，便能夠幫助你減少許多麻煩。

不怕真敵人，就怕假好人

判斷一個人是否是真正的朋友的標準，就是看對方是否能夠為了你拔刀相助，甚至是為了你兩肋插刀。所以，相互關心、相互幫助就成為朋友之間的一個最基本的配置。

但是，在邏輯學上有一個包含與被包含的關係，這個定律運用於此，也就是說，對我們而言，真正的朋友一定是願意幫助我們的人，然而，並非所有幫助我們的人，都是我們真正的朋友。

一個人在某件事情上願意對我們施以援手，不代表他就一定是真心實意為我們考慮，而是可能有著其他各式各樣的原因。

比如，可能這件事情的成功，對你和他來說是一個雙贏的結果，所以他願意幫忙；可能他希望以此作為與你談判的交換條件，為了在你身上獲取某種利益，所以願意幫忙；也可能是因為他受人所託，所以忠人之事，而並非從幫助你的角度出發的……

總之，一個人願意幫助你，並不代表他願意成為你的朋友，即使他願意成為你的朋友，也有可能是出於從你身上牟利的角度考慮，而並非出於真心。

所以，當有人對你施以援手的時候，不要輕易地將對方當成好朋友。

肖強是某公司的一個銷售主管，努力打拚了許多年才賺夠了頭期款，在市中心借貸買了一間房子。由於買的是新房地產，房子交到手上的時候，是一個毛坯房，需要花很多的時間和精力去裝修，然而肖強工作繁忙，尤其是最近在與上海的一個客戶談專案，因此要出差長達幾個月的時間，沒辦法兼顧家裡的裝修工程。

這時，他的大學同學丁某聽說了這件事情，於是毛遂自薦，說自己願意幫忙盯著裝修工人。丁某剛好從事建築工程方面的工作，再加上大學的時候兩個人的關係也還不錯，況且人家又主動提出幫忙，肖強便一邊千恩萬謝地說著感謝的話，一邊將家裡的地址、鑰匙、裝修需要的東西都交到了丁某手上。

接下來的幾個月，肖強一直在上海出差，除了這期間幾次通電話詢問了一下進度以外，也沒有實地去考察過。每次在電話中，丁某都是信心滿滿地說著「你放心，我是內行，一定幫你裝修得滿意！」肖強於是便安心地將事情全權交給了丁某去處理。

幾個月後，肖強從上海出差回來，家裡的裝修也基本完成了。肖強滿懷期待地回家去參觀。肖強不懂裝修方面的事情，但是見家裡被裝修得亮亮堂堂的，設施設備也都齊全，因此十分滿意，為了答謝丁某這幾個月的幫忙，特意包了一個大紅包給他。

不久後，肖強滿心歡喜地住進了新家，然而，沒過幾天，他傻了眼 —— 短短十幾天的時間，客廳的牆壁就開始出現掉漆的現象，在洗手間一洗澡，水便會滲到樓下去，樓下的鄰居三天兩頭來敲門。隨著問題的不斷出現，肖強開始覺得不對勁，於是請來了一位裝修師傅，來幫助自己看看房子的情況。在裝修師傅的檢視下，肖強這才知道，原來自己家裝修用的所有的材料都是最廉價、最不好的，連洗手間的防水都只做了薄薄的一層，所以才會不斷地出現各式各樣的問題。

肖強氣憤萬分，自己幾百萬的裝修費用，很顯然有一大半都被丁某揣進了腰包，然而前去質問，卻被丁某反咬一口，說什麼「好心幫忙還幫出一身的不是」，不但不承認裝修偷工減料的事實，反而怪罪肖強狗咬呂洞賓。

無奈之下，肖強只能吃下一個悶虧，白搭了那麼多錢不說，裝修的大半工程還要重新做一遍，本來想著丁某來幫忙自己能省點事情，沒想到反而多出了這麼多事來。

對於那些好心幫助我們的人，我們自然應該萬分感恩，並且在對方需要的時候予以回報。然而，並不是所有幫助我們的人都是出於好心。有一些人可能是為了自己的利益，是站在自己的角度考慮問題的，因此，他不會在意我們的得失，不會在意我們是否會受到傷害，他們只求達到自己的目的。

為了達到自己的目的而去幫助別人的事情其實並不少見。

比如，在古代各國之間的戰爭之中，因為各國之間此消彼長的複雜關係，因此經常會出現聯合的情況，甚至發兵援救的事情也很常見。然而，一個國家發兵援救另一個國家，絕對不會是因一心為了那個國家的生死而考慮，而是考慮到自己的利益關係，認為救對方對自己有利而已。

那些出於自己的利益考慮而幫助你的人，有一些在客觀上真的能夠給予你幫助，就如同兩國之間發兵援救的事情，雖然對方是出於自己利益的考慮，但畢竟還是解決了另一方的燃眉之急，因此，這種情況帶來的是一個雙贏的局面。

如果那些幫助你的人是為了你與他之間取得雙贏那還好，但是還有另一類幫忙，他們為了自己的利益而損害你的利益，比如上面事例中的丁某，為了得到裝修的錢，因此偷工減料，損害了肖強的利益。

在這種情況下，你就要小心了，不要被人騙了，還將他當作朋友千恩萬謝。

自動上門的好處一定要小心

誰都希望可以付出得少，回報得多，誰都希望可以被幸運之神眷顧。

但是，千萬不要抱有不勞而獲或者貪圖小便宜的思想，搞不好，砸在你頭上的不是餡餅，而是陷阱。

從鄉下來到大城市工作的馬慶海，一直在建築工地上做苦力，在年底的時候，終於存了十萬塊錢。正當他打算帶著錢回家過年的時候，同在工地上打工的一個叫張振的工友卻突然叫住了他：「我昨天發了筆小財，走，請你吃飯去。」

張振帶著馬慶海來到了一家看上去很高級的餐廳，點了一桌子的菜。「這……這得花多少錢啊！」馬慶海有些心疼地說。「咳，你放心，兄弟我發了財，自然要請你吃頓好的。」

「你哪裡來這麼多錢？」馬慶海問道。

「我有一個表哥，在金融公司工作，我把我賺的十萬塊錢拿去讓他幫我炒股，才幾天，就小賺了五千了！」

「這麼賺錢啊！可是……可是我聽說炒股跟賭博一樣，賺得快，賠得也快，你還是小心些！」

「這你就不懂了！我表哥的公司那是正規的金融公司，那裡負責研究股市走向的人都是全國頂尖的金融人才，準確率高達百分之九十九，跟我們老百姓自己炒股完全不一樣。要不是有親戚關係，我們這麼點錢，人家才懶得帶我們玩呢！當然了，風險總還是有的，但是你想想，那些賺大錢的人，哪個是靠在工地打工起家致富的？這年頭，你沒有點魄力，就永遠是做窮鬼的命！」

馬慶海被說得有些心動了，手下意識地摸了摸自己包裡的十萬塊錢。

這時，張振趁勢說道：「兄弟，辛苦了一年，就拿十萬塊錢回家，你怎麼跟家裡交代呀！不如我跟我表哥說說，讓你也入個股？」

被張振又是唬弄又是打擊地說了一通，馬慶海開始膨脹，做起了一夜暴富的美夢來。最後，他下定決心，將自己的十萬塊錢拿出來，留了三萬元，將剩下的七萬元通通交給了張振。

張振從包裡取出一份合約來，說道：「這合約本來是我自己用的，正巧了，今天就先給你用吧。」

馬慶海接過來一看，是一份代理炒股的合約，上面寫的炒股風險讓他有些擔心了，張振卻勸道：「你放心，這合約上這麼寫是為了以防萬一，百分之一的賠錢機率，怎麼可能讓你碰上！」

馬慶海一咬牙，還是簽了合約。

在那之後的幾天裡，馬慶海提心吊膽地等結果，然而等了半個月，依舊沒有張振的消息，於是打電話過去詢問，結果張振卻告訴他，他的七萬塊被套牢了，賠了大半，而且現在無法撤股，如果撤股只能拿回五千元。馬慶海當時就傻了眼，抱怨說，不是說好了不可能賠錢的嗎？張振毫不客氣地說：「你自己簽的合約，上面白紙黑字寫著，怪不到我身上。」

當我們因被主動找上門的人欺騙了而心存怨恨和痛苦的時候，有沒有想過，為什麼上當受騙的人偏偏是你？反過來說，如果主動送上門來的不是欺騙，而是真正的利益，你還會抱怨對方嗎？

說白了，人之所以會被這些騙子欺騙和利用，都是因為有一顆貪婪之心。因為貪婪，受到欲望的矇蔽與擺布，因此當遇到找上門來的好處時，為了貪圖那些誘餌的利益，才會心甘情願地跟著對方的思路去走，導致最後上當受騙。

如果沒有一顆貪婪之心，如果不貪圖那些蠅頭小利，那麼包裝得再完美再誘人的陷阱，我們也能夠輕易識破和躲過。

所以，如果你仔細去分析那些上當受騙的案例就會發現，其實絕大多數人之所以被騙，都是因為貪圖對方口中給出的利益。

然而，天下又哪裡真的有掉餡餅的事情發生呢？就算真的掉了一個大餡餅，又怎麼可能那麼巧讓你遇到呢？所謂有得必有失，你想要得到一樣東西，就必須在另一樣東西上面付出代價。

這世界上沒有無緣無故的好處，也沒有無緣無故的好人，當別人請你吃免費大餐的時候，你要想一想你是不是能消化得了。正所謂「無事獻殷勤，非奸即盜」，如果真的有天上掉餡餅的好事，對方又怎麼可能平白無故地將這些好處讓給你呢？

所以，主動找上門來的好處，你一定要有所警惕，不要為了貪圖眼前的蠅頭小利，便讓自己陷入對方的陷阱中去。

我們不否認，這世界上確實有很多好人，確實有很多善意的付出，確實有很多唾手可得的利益。但是，依舊有那麼多圖謀不軌的人，依舊有那麼多精心偽裝的陷阱，依舊有那麼多虛假的善意，所以，學會擦亮眼睛，總沒有壞處。

行為分析學，表情動作的心理分析：

面部微表情 × 口頭禪解讀 ×「識謊」九原則 × 潛意識訊息……用心理學解碼人際行為，從細節看透情感與心思！

作　　者：浩強
責任編輯：高惠娟
發 行 人：黃振庭
出 版 者：樂律文化事業有限公司
發 行 者：崧博出版事業有限公司
E-mail：sonbookservice@gmail.com
粉 絲 頁：https://www.facebook.com/sonbookss/
網　　址：https://sonbook.net/
地　　址：台北市中正區重慶南路一段 61 號 8 樓
8F., No.61, Sec. 1, Chongqing S. Rd., Zhongzheng Dist., Taipei City 100, Taiwan
電　　話：(02)2370-3310
傳　　真：(02)2388-1990
律師顧問：廣華律師事務所 張珮琦律師
定　　價：375 元
發行日期：2024 年 11 月第一版
◎本書以 POD 印製
Design Assets from Freepik.com

國家圖書館出版品預行編目資料

行為分析學，表情動作的心理分析：面部微表情 × 口頭禪解讀 ×「識謊」九原則 × 潛意識訊息……用心理學解碼人際行為，從細節看透情感與心思！/ 浩強 著 . -- 第一版 . -- 臺北市：樂律文化事業有限公司，2024.11
面；　公分
POD 版
ISBN 978-626-7552-56-8(平裝)
1.CST: 行為心理學 2.CST: 行為改變術
176.8　113016038

電子書購買

爽讀 APP

臉書